EXECUÇÃO NO PROCESSO DO TRABALHO

YONE FREDIANI

EXECUÇÃO NO PROCESSO DO TRABALHO

TÍTULOS JUDICIAIS E EXTRAJUDICIAIS

FECHAMENTO DESTA EDIÇÃO: 31 DE MARÇO DE 2008

ELSEVIER
EDITORA CAMPUS
NEGÓCIO EDITORA
Alegro

CAMPUS
JURÍDICO

Editoração Eletrônica
SBNIGRI Artes e Textos Ltda.

Copidesque
Vania Coutinho Santiago

Revisão Gráfica
Wilton Fernandes Palha Neto

Projeto Gráfico
Elsevier Editora Ltda.
A Qualidade da Informação
Rua Sete de Setembro, 111 — 16º andar
20050-006 — Rio de Janeiro — RJ — Brasil
Telefone: (21) 3970-9300 Fax (21) 2507-1991
E-mail: info@elsevier.com.br
Escritório São Paulo
Rua Quintana, 753 – 8º andar
04569-011 – Brooklin – São Paulo – SP
Telefone: (11) 5105-8555

ISBN: 978-85-352-2428-3

Central de Atendimento
Tel.: 0800-265340
Rua Sete de Setembro, 111, 16º andar – Centro – Rio de Janeiro
E-mail: info@elsevier.com.br
Site: www.campus.com.br

CIP-Brasil. Catalogação-na-fonte.
Sindicato Nacional dos Editores de Livros, RJ

F929e Frediani, Yone
Execução no processo do trabalho / Yone Frediani . - Rio de Janeiro: Elsevier, 2008.

Originalmente apresentado como tese do autor (doutorado - Pontificia Universidade Católica de São Paulo)
Inclui bibliografia
ISBN 978-85-352-2428-3

1. Processo trabalhista - Brasil. 2. Execuções (Direito). I. Título.

08-1069. CDU: 347.9:349.2(81)

A Ricardo, razão dos meus dias.

A AUTORA

Yone Frediani

Juíza do Tribunal Regional do Trabalho da 2ª Região (aposentada); mestre em Direito do Estado pela PUC/SP; mestre em Direitos Fundamentais pela Unifieo; doutora em Direito das Relações Sociais pela PUC/SP; professora dos cursos de pós-graduação *lato sensu* e graduação da Unifieo; professora de Direito do Trabalho da Faap; membro da Academia Nacional de Direito do Trabalho, do Instituto de Direito do Trabalho do Mercosul, da Academia Paulista de Letras Jurídicas e da Asociación Iberoamericana de Derecho del Trabajo y de la Seguridad Social.

APRESENTAÇÃO

O Código de Processo Civil passou por uma série de reformas ao longo dos últimos dez anos, que devem ser encaradas como verdadeira revolução no pensamento juridico processual e na busca pela efetividade do processo em seu sentido mais genuíno. A alteração do art. 273 trazida pela Lei nº 9.494/1997 já acenava para uma mudança profunda do sistema de tutelas de urgência e apontava a necessidade de não só assegurar o meio de tutela de direitos, mas, também, de garantir que tais meios pudessem ser concretizados, assegurando a realização do direito material.

O legislador ouviu o clamor do jurisdicionado de que era necessária a urgente reforma do processo de execução, cujo maior desafio era encontrar um meio de tornar real o princípio da eficiência das decisões judiciais. De nada adiantaria um processo de conhecimento eficiente, sem que houvesse a garantia de que o credor, de fato, veria restabelecida a sua esfera de direito.

Assim, a Lei nº 11.232/2005 tornou-se um marco revolucinário no processo de execução. A execução passaria a ser mais ágil e eficiente, após extinguirem-se diversos entraves burocráticos.

Contudo, tormentosa questão surge para o processo trabalhista, qual seja, até que ponto as alterações verificadas no processo civil atingem o processo de execução trabalhista, carente, como sabemos, de uma regulamentação específica.

Felizmente, Dra. Yone Frediani acena numa direção pela qual poderemos nos orientar. A obra jurídica que ora traz ao público, fruto de diversos anos de estudo e experiência profissional, tem respaldo de quem, com muita sabedoria e perspicácia, elucida de maneira primorosa o assunto equacionando diversas questões que surgem no dia-a-dia do profissional trabalhista.

Dra. Yone Frediani professa verdadeira sabedoria nas páginas deste livro. Preocupou-se, em atender as dúvidas não só de estudantes nos bancos universitários, mas também dos profissionais confrontados com as mais diversas hesitações que a vida forense lhe proporciona.

Após esgotar a parte histórica, a fim de situar o intérprete no universo das alterações legislativas, a autora leva o leitor ao ordenamento processual civil, onde o intérprete trabalhista irá se abeberrar em razão das mais variadas omisões do diploma especial. Em seguida, analisa a execução trabalhista relativa aos títulos executivos judiciais, diria que o maior contingente de títulos que são executados no dia-a-dia forense.

A autora traz, ainda, o estudo de execuções específicas, como as relativas às obrigações sucessivas, que tanto tormento causam ao intérprete, sem olvidar-se de falar dos meios de defesa do executado. Nota-se a preocupação da Dra. Yone em não apenas observar a garantia de realização da execução como processo em si e como instrumento do Estado em dar a resposta jurisidicional adequada àquele que lhe vem pedir a tutela; mas, também, em garantir que os princípios Constitucionais da ampla defesa e do contraditório sejam atendidos. Por outras linhas, o devido processo legal e o acesso à justiça, princípios basilares da ordem processual constitucional e infraconstitucional, devem assegurar os direitos fundamentais de todo aquele que age ou que sofre com a ação processual. Tanto é assim, que o Capítulo III é dedicado a importância do contraditório na execução.

O Capítulo IV trata da execução dos títulos extrajudiciais. Tema dificil, pouco discutido na esfera trabalhista, e que merece ser considerado principalmente em razão do alargamento da competência trazida pela Emenda Constitucional nº 45/2004. Aqui a autora enfrenta as mais diversas formas de títulos que existem, os quais, muitas vezes, são ignorados pelo profissional da área trabalhista, mais habituado aos ordinários títulos executivos judiciais.

O Capítulo que segue, de número V, mantém a originalidade da obra e o seu caráter absolutamente atual, pois a autora analisa os aspectos das consequências da ampliação da competência, alguns já enfrentados e outros que certamente surgirão.

A idéia de trazer um Capítulo destinado à Ação Monitória, o de número VI, e outro destinado ao Procedimento Arbitral, estimula o estudioso a conscientizar-se que os aspectos da execução são muito mais largos do que o tradicional universo das execuções por título judicial. A provocação é oportuna e mantém a grandeza e originalidade do tema escolhido.

O último Capítulo conecta-se ao início da obra. Nele a autora comenta os artigos da Lei nº 11.832/2005, interpretando-os de maneira inovadora e provocando, a cada comentário, novas discussões com a inovação trazida a qual certamente engrandece nossa doutrina e, certamente, servirá de base à jurisprudência. Indica de que forma cada um dos dispositivos poderá se aplicar ao processo trabalhista, propiciando a consulta rápida e eficiente, apontando a harmonia entre os sistemas processuais.

Yone Frediani nos agracia, com mais esta obra, fruto do seu notável saber, e permitindo-nos absorver e compartilhar da sua larga experiência de anos dedicados a advocacia, magistratura e magistério.

Este livro que nos apresenta é fruto de sua tese de doutoramento defendida na Pontifícia Universidade Católica de São Paulo e representa sua incansável preocupação em colaborar para a realização de um Judiciário melhor, em cumprimento dos preceitos fundamentais do Estado de Direito.

Thereza Christina Nahas

Juíza do Trabalho Titular da 61ª Vara do Trabalho de São Paulo, mestre em Direito Processual Civil pela PUC/SP e doutora em Direito do Trabalho pela mesma universidade. Professora Universitária em cursos de graduação e pós-graduação. Doutoranda em Direito Social pela Universidade Castilla de La Mancha (Espanha) e especialista em Direito do Trabalho pela Universidade Clássica de Lisboa (Portugal).

SUMÁRIO

INTRODUÇÃO

O presente estudo tem por finalidade a análise da execução dos títulos extrajudiciais perante a Justiça do Trabalho, partindo da evolução da execução nos Códigos de Processo Civil de 1939 e 1973 e sucessivas alterações que se seguiram até o momento.

Posteriormente, será examinado o processo de execução perante a Justiça do Trabalho e suas peculiaridades em relação ao processo civil, bem assim como se encontra delimitada a execução dos títulos extrajudiciais no processo do trabalho

Com o advento da Emenda Constitucional nº 45/2004, que ampliou a competência da Justiça do Trabalho, serão examinados os novos títulos extrajudiciais acrescentados aos parágrafos do art. 114 da Constituição Federal.

De acordo com as alterações introduzidas pela Emenda Constitucional nº 45/2004, no art. 114, já apontado, outra modalidade de execução extrajudicial foi introduzida perante o Judiciário Especializado quanto ao pertinente à cobrança das multas administrativas e à execução da dívida ativa.

Após o estudo dos diversos títulos extrajudiciais em espécie, serão apreciadas as conseqüências decorrentes da ampliação da competência da Justiça do Trabalho notadamente em relação à execução de outros títulos extrajudiciais não relacionados no art. 876 da CLT.

Considerando, porém, que a matéria longe de possuir entendimento uniforme a propósito da execução de tais títulos, oportuna a análise da Ação Monitória e seus desdobramentos no processo do trabalho, bem assim, do procedimento arbitral e respectivo laudo ou sentença arbitral como forma de solução de conflitos fora da esfera do Judiciário.

Finalmente, chega-se à conclusão de que não obstante a redação do art. 876 da Consolidação referir-se somente à execução dos títulos extrajudiciais, considerados como tais os termos de ajustamento de conduta firmados perante o Ministério Público do Trabalho e os acordos celebrados junto às Comissões de Conciliação Prévia, outros títulos extrajudiciais não relacionados no referido dispositivo legal podem ser objeto de execução perante o Judiciário Especializado.

Tal afirmação prende-se ao fundamento de que a partir do advento da Emenda Constitucional nº 45/2004, que ampliou a competência da Justiça do Trabalho para apreciação e julgamento das lides que envolvam relação de trabalho, outros instrumentos poderão ser produzidos pelas partes envolvidas na mesma relação, além daqueles tradicionalmente reconhecidos na relação empregado *vs.* empregador.

Assim, passaria a ser possível a execução de outros títulos extrajudiciais perante o Judiciário Especializado inobstante a redação contida no art. 876 da Consolidação, desde que a produção do mesmo título tivesse por origem a relação de trabalho mantida pelo autor da execução da obrigação inadimplida e representada por título extrajudicial.

Referido procedimento funda-se na interpretação enunciativa dada ao art. 876 da Consolidação, possibilitando, pois, a execução de títulos extrajudiciais fundados na relação de trabalho, buscando-se, sempre que possível, a prestação jurisdicional célere.

I

A EVOLUÇÃO DA EXECUÇÃO NOS CÓDIGOS DE PROCESSO CIVIL

1. Evolução histórica da execução

Genericamente, e desde o Direito Romano, não se conhecia outro título executivo a ensejar o processo de execução que não estivesse fundado em **sentença judicial**.

Durante a vigência da Lei das XII Tábuas, "o devedor tinha 30 dias para pagar a dívida, cuja expressão era anunciada em praça para que ele ou alguém por ele fosse pagar, após o que seria o devedor preso com correntes de 15 libras e entregue ao credor para que dele pudesse dispor como bem entendesse, podendo inclusive matá-lo ou cortá-lo em pedaços, na proporção do número de credores, ou vendê-lo como escravo do outro lado do rio Tibre".[1]

Verifica-se, pois, que na Antigüidade a idéia de responsabilidade do devedor cingia-se ao seu próprio corpo, eis que ele podia ser vendido ou mesmo repartido entre seus diversos credores.[2]

Vicente Greco Filho, discorrendo sobre a fase histórica da execução, assevera haver predominado "a idéia, no Direito Romano primitivo, de que a execução tinha uma finalidade de coagir a vontade do devedor para constrangê-lo a solver sua dívida e não a finalidade de satisfazer o crédito, objetivo que predomina no Direito moderno".[3]

---

[1] *Lei das XII Tábuas*, Tábua III, VI.

[2] Theodoro Júnior, Humberto. *Processo de Execução*, p. 33.

[3] Greco Filho, Vicente. *Direito Processual Civil Brasileiro*, v. 3, p. 11.

A adoção dessa prática para satisfação das obrigações assumidas predominou na Europa após a queda de Roma do Ocidente, revestindo-se de meios executivos violentos, quais sejam, a coação real e psicológica do devedor, visto não serem conhecidos na época os meios de conversão dos bens do devedor em dinheiro.

Com o surgimento da *actio iudicati*, passou o Estado a intervir de modo a realizar concretamente o Direito reconhecido pela Justiça, sendo que a execução forçada só ocorria quando o devedor, após o decurso do prazo concedido, não cumprisse voluntariamente a obrigação.

Nessa época, garantia-se ao devedor a possibilidade de reiterar as discussões anteriores, já decididas na fase de conhecimento, acarretando, pois, os infindáveis processos de execução.

Coube, porém, aos juristas medievais a criação de um novo instituto que pudesse satisfazer as necessidades sociais e jurídicas da época, mantendo-se o controle jurisdicional sobre a execução, retirando-lhe a manifestação do contraditório e autorizando a execução forçada como simples atividade complementar do juiz da condenação.

Mais tarde, por influência do Direito germânico, admitiu-se a possibilidade de que, em determinadas condições, os negócios particulares pudessem ensejar diretamente a execução, dispensando-se a sentença condenatória, com o que surgia no cenário a possibilidade de execução fundada em títulos extrajudiciais.[4]

Na visão de Cândido Dinamarco, da irracional e desumana execução corporal do devedor, evoluiu o sistema romano no sentido de proceder-se a uma menor invasão patrimonial, seguindo-se a possibilidade da existência de bens que se encontram isentos da responsabilidade pelas obrigações contraídas pelo devedor, denominados bens impenhoráveis, bem assim, a garantia de impossibilidade de alienação do bem constrito por preço vil, visto ser obrigatória a avaliação do mesmo após a respectiva constrição.[5]

---

[4] Frediani, Yone. *Exceção de pré-executividade no processo do trabalho,* p. 23

[5] Dinamarco, Cândido R. *Execução Civil*, p. 79.

No mesmo sentido, assevera Theodoro Júnior que no

> limiar dos tempos modernos foi que, por exigência do incremento das atividades comerciais, se conceberam os títulos de crédito como os primeiros documentos que, por sua reconhecida certeza e liquidez, podiam ensejar a execução forçada sem depender do prévio acertamento do processo de conhecimento. Dizia-se que tais títulos equiparavam-se à sentença passada em julgado e, por isso, propiciavam ao respectivo portador a execução aparelhada.[6]

2. A execução em face do Direito português e do Código de Processo Civil de 1939

Segundo Moacyr Amaral dos Santos, no Direito português, sob o regime das Ordenações, a execução poderia fundar-se em três hipóteses:

a) através da *actio iudicati*, quando "se quer pedir coisa em que não há condenação";
b) mediante execução forçada ou execução de sentença, que constituía o procedimento normal da execução;
c) por meio da ação executiva, fundada em títulos de crédito do fisco, foros enfitêuticos e alguns poucos créditos privilegiados.[7]

Esta situação perdurou no Direito pátrio, enquanto vigentes as Ordenações e o Regulamento nº 737 de 1850, que, traçando nova disciplina para o processo comercial foi objeto de extensão ao processo civil em 1890 através do Decreto nº 763, a partir do que foi constituído o Direito Processual brasileiro.[8]

Sob o comando do Regulamento nº 737 a execução passou a ser de competência do juiz que tivesse conduzido o processo de conhecimento, afastando-se, portanto, nesse sentido, das diretrizes do Direito luso-brasileiro que estabelecia algumas regras diversas acerca da competência.

---

[6] Theodoro Júnior, Humberto. *Processo de Execução*, p. 37-38.

[7] Santos, Moacyr Amaral dos. *Primeiras linhas do Direito Processual Civil*, p. 193-194.

[8] *Ibid.*, p. 36.

O mesmo Regulamento nº 737 especificava as partes consideradas legítimas no processo de execução, quais sejam, não só aquelas que haviam figurado no processo de conhecimento, bem assim, seus sucessores e, eventualmente, o fiador.

Por conseguinte, a execução era realizada por meio de expedição de carta de sentença, sendo necessária a citação do devedor, sob pena de nulidade, a fim de que o processo executivo tivesse início regularmente.

Nessa época, a doutrina era unânime em afirmar a autonomia do processo de execução, posto que após a prolação da sentença, findava a instância, seguindo-se, assim, a tradição implantada pelo Direito luso.

De ser ressaltado que o referido Regulamento previu, também, as figuras da fraude à execução e algumas hipóteses de impenhorabilidade de bens, considerando como espécies de execução:

a) aquela denominada expropriativa, quando fundada em sentenças líquidas ou ilíquidas;
b) a decorrente de sentenças sobre ação real ou coisa certa, constatando-se, pois, a total omissão no que pertine às obrigações de fazer e não-fazer.[9]

De conseguinte, pode-se concluir que a execução sob a sistemática do Regulamento nº 737, baseava-se, quase que exclusivamente, sobre título executivo judicial, ou seja, a sentença.

O mesmo diploma legal, previa a possibilidade de instauração de ação executiva, iniciada com a citação do devedor para pagar, sob pena de penhora.

Referido procedimento fundava-se em títulos extrajudiciais, regra geral, oriundos de atos de comércio, constituindo tal prática inovação ao admitir a eficácia executiva dos atos praticados extrajudicialmente.

A promulgação do Código de Processo Civil de 1939, foi responsável pela alteração da sistemática até então vigente, com a introdução de dois processos de execução:

---

[9] Dinamarco, Cândido R. *Execução civil*, p. 71-72.

a) a **execução de sentença**;

b) a **ação executiva**.

A execução de sentença, via de regra, constituía o processo normal de execução, encontrando-se fundada na sentença condenatória e tendo por objetivo compelir o devedor ao cumprimento ou satisfação da obrigação que lhe fora imposta.

O procedimento adotado nessa hipótese era desenvolvido mediante a prática de atos executórios que objetivavam alcançar a efetividade do processo com a satisfação do credor.

A ação executiva, inserida dentre as ações especiais, tinha seu fundamento em créditos aos quais a lei conferia eficácia de título executivo.

O processo seguia um rito especial que assegurava, após a constrição judicial, a adoção de procedimento ordinário próprio dos processos de conhecimento, com a finalidade de acertamento da relação processual e uma vez proferida a sentença, os atos executórios que se seguiam deveriam observar o procedimento estabelecido para a execução de sentença.

Dessa maneira é que o novo diploma processual deu nova roupagem à execução no Direito pátrio, estabelecendo 18 categorias de títulos executivos extrajudiciais[10] e mantendo o sistema dualista entre a ação executiva e o processo executório, este último fundado em sentença condenatória.

Relativamente às regras de competência, permaneceu a definição do órgão judiciário que tivesse noção do processo de conhecimento e os aspectos territoriais no que respeitava à ação executiva.

3. A execução sob a vigência do Código de Processo Civil de 1973 e sucessivas alterações

Sob o clima de novas influências culturais e políticas foi promulgado o novo Código de Processo Civil em 11/01/1973, através da Lei nº 5.869, de autoria de Alfredo Buziad.

---

[10] *Ibid.*, p. 77.

O atual diploma processual alterou significativamente os procedimentos relativos à execução, inspirado que foi nas modernas doutrinas sobre a matéria, introduzindo inúmeras e importantes inovações.

Dentre as diversas alterações, a mais significativa a ser realçada consiste na unificação das vias executivas, pela supressão da distinção das ações executória e executiva, posto que a ação é uma só, a de execução, e que tem por base o título executivo judicial ou extrajudicial.[11]

Na visão de Dinamarco a mais importante das inovações foi a equiparação dos títulos executivos extrajudiciais aos judiciais, colocando, portanto, o sistema brasileiro em grau de evolução comparável aos sistemas estrangeiros, notadamente o europeu.[12]

Segundo o mesmo autor, a partir da promulgação do texto adjetivo de 1973, novas modalidades de execução foram inseridas no novo diploma, quais sejam:

a) **execução fiscal**, mediante a inscrição da dívida ativa das pessoas jurídicas de Direito Público, regulada pela Lei nº 6.830/1980;
b) **execução por duplicatas**, através da Lei nº 6.458/1977, notadamente quanto à duplicata não-aceita;
c) execução decorrente dos feitos processados perante os **juizados especiais**, mediante previsão inicial decorrente da Lei nº 7.244/1984, e depois substituída pela Lei nº 9.099/1995, através da qual foram estabelecidas regras especiais para a execução derivada de título judicial e extrajudicial perante tais juizados especiais. Posteriormente, referidos juizados passaram a ser competentes para executar acordos extrajudiciais devidamente homologados, bem assim os termos de acordos referendados pelo Ministério Público;
d) a inserção no ordenamento pátrio das **execuções coletivas,** por meio da introdução da Ação Civil Pública, do Mandado de Segurança Coletivo e das Ações Coletivas pre-

[11] Santos, Moacyr Amaral dos. *Primeiras linhas de Direito Processual Civil*, p. 194.
[12] *Ibid.*, p. 79.

vistas no Código de Defesa do Consumidor, respectivamente disciplinados pelas Leis nº 7.347/1985, CF/1988, art. 5º, LXX e Lei nº 8.078/1990.

Além disso, o novo diploma processual estabeleceu uma diversidade de procedimentos para a execução em se tratando de:

a) entrega de coisa;
b) obrigações de fazer e não-fazer;
c) quantia certa contra devedor solvente;
d) quantia certa contra devedor insolvente.

Portanto, qualquer que fosse a modalidade de execução, esta só teria início mediante a iniciativa do credor, com a propositura da ação executiva, fundada na pretensão insatisfeita, podendo, pois, o mesmo, exigir do Estado o pronto e imediato cumprimento da prestação contida no título executivo.[13]

Em 1980, com o advento da Lei das Execuções Fiscais, Lei nº 6.830/1980, ocorre a primeira cisão com o sistema processual construído pelo legislador processual de 1973.

De outro lado, a Lei nº 8.953/1994, propiciando a extinção da execução das sentenças condenatórias relativas às obrigações de fazer e não-fazer, na medida em que a nova redação dada ao art. 461 do CPC abriu a possibilidade para que a tutela fosse implementada desde logo, independente de qualquer iniciativa do autor.

De igual forma, outras importantes alterações introduzidas pela Lei nº 9.079/1995 trouxeram nova dimensão à execução, com a introdução do processo monitório, estatuindo que o mandado de pagamento ou entrega da coisa constitui título executivo judicial por força de lei.[14]

Por intermédio da Lei nº 10.444/2002, foi totalmente alterada a sistemática até então vigente, com o desaparecimento do processo de execução nos moldes anteriores com a introdução dos atos do juiz tendentes ao cumprimento do provimento jurisdicional.[15]

---

[13] Marques, José Frederico. *Manual de Direito Processual Civil*, v. 4, p. 5.

[14] *Ibid.*, p. 84.

[15] Marcato, Antonio Carlos; Carmona, Carlos Alberto. *Código de Processo Civil Interpretado*, p. 107.

De ser ainda enfatizado que referida tendência continua produzindo seus efeitos através das recentes alterações contidas nas Leis nºs 11.276/2006, alterando os arts. 504, 506, 515 e 518, que tratam, respectivamente da sentença, apelação e seus efeitos; 11.277/2006, acrescentando o art. 285-A, permitindo o julgamento antecipado do feito em matéria exclusivamente de Direito; 11.280/2006, inserindo a decretação da prescrição de ofício; 11.832/2006, alterando a sistemática de execução dos títulos extrajudiciais; 11.417/2006, regulamentando a súmula vinculante e a 11.419/2006 introduzindo a informatização do processo judicial dentre outras de igual relevância e de projetos de lei ainda em tramitação perante o Congresso Nacional.

Verifica-se, pois, que a seqüência de alterações produzidas não teve outro sentido, senão o de propiciar ao jurisdicionado a obtenção concreta da efetividade da execução com a adoção de procedimentos que impliquem a celeridade processual.

Diante do comando inserto no Capítulo III do CPC, que trata dos requisitos necessários para a realização de qualquer execução, dispõe a Seção I, sobre o inadimplemento do devedor, estabelecendo que uma vez verificado, compete ao credor a prática dos atos relativos à execução,[16] visto que a inadimplência é considerada a falta de satisfação espontânea da obrigação que lhe foi imposta através de sentença ou de título cuja eficácia seja determinada por lei, segundo a nova redação dada ao art. 580 pela Lei nº 11.832/2006.

Portanto, pressuposto imprescindível à utilização e movimentação da intervenção e tutela do Estado fundada na execução forçada, é de que a execução esteja fundada em título executivo judicial ou extrajudicial.

Segundo Frederico Marques, a existência do título executivo torna a prestação imediatamente exigível, enquanto que o inadimplemento do devedor implica a atuação coativa do Estado a fim de tornar efetiva a prestação, valendo dizer, o inadimplemento

---

[16] *Art. 580. A execução pode ser instaurada caso o devedor não satisfaça a obrigação certa, líquida e exigível, consubstanciada em título executivo.*

do devedor é considerado pressuposto prático da execução, enquanto que o título executivo constitui pressuposto jurídico da execução.[17]

Ainda segundo o mesmo autor, a execução pode dar-se de forma **definitiva** ou **provisória** (a primeira quando fundada em sentença transitada em julgado ou em título extrajudicial e a segunda quando na pendência de recurso) e ainda de maneira **singular** ou **concursal** (quando positivada na primeira hipótese a existência de credor único e na segunda alternativa houver mais de um credor, situação que deu origem ao denominado concurso de credores).[18]

As alterações introduzidas pela Lei nº 11.232/2005 quanto à diferenciação da execução provisória e definitiva foram inseridas no § 1º do art. 475-I.[19]

Ainda, de acordo com a regra inserta no art. 475-N, com a redação dada pela Lei nº 11.232/2005, *in verbis*, são considerados títulos executivos judiciais:

> *São títulos executivos judiciais:*
>
> I – **a sentença proferida no processo civil que reconheça a existência de obrigação de fazer, não fazer, entregar coisa ou pagar quantia**, *lembrando-se que referido título para que se encontre apto a ensejar o início da execução, deverá estar revestido de liquidez (importância certa e determinada), sob pena de ser necessária sua liquidação; relativamente às obrigações de fazer, não-fazer e de entrega de coisa, a execução dar-se-á mediante o cumprimento de tais obrigações;*
>
> II – **a sentença penal condenatória transitada em julgado**, *qual seja, o reconhecimento dos efeitos civis das sentenças condenatórias, facultando-se à vítima a propositura das ações de natureza civil e criminal simultaneamente, con-*

---

[17] Marques, José Frederico. *Manual de Direito Processual Civil*, v. 4, p. 2.

[18] *Ibid.*, v. 4, p. 4.

[19] É definitiva a execução da sentença transitada em julgado e provisória quando se tratar de sentença impugnada mediante recurso ao qual não foi atribuído efeito suspensivo.

servando cada uma delas autonomia relativa, ou, aguardando a vítima a decisão sobre a ação penal para, em caso de procedência, promover a execução civil;

III – **a sentença homologatória de conciliação ou de transação, ainda que inclua matéria não posta em juízo**, *tratando, pois, da composição a que chegam as partes, considerando o risco da demanda, resolvem o respectivo conflito sem que seja necessária a prolação de sentença;*

IV – **a sentença arbitral**, *ressaltando-se que o legislador optou por distinguir a conciliação e transação concluídas sob o manto da jurisdição e a decisão de natureza arbitral, que por força da Lei nº 9.307/1996, possui a mesma eficácia da sentença proferida pelo Judiciário.*

V – **o acordo extrajudicial, de qualquer natureza, homologado judicialmente**, *ocorrendo nesta hipótese a solução do conflito diretamente entre as partes, que o submetem à homologação judicial. Referido inciso foi introduzido pela Lei nº 11.232/2005, que teve por objetivo ratificar prática tradicionalmente utilizada, mediante chancela do judiciário à avença concluída diretamente pelas partes.*

VI – **a sentença estrangeira, homologada pelo Superior Tribunal de Justiça**, *que segundo o ordenamento pátrio, para ter eficácia, a sentença estrangeira deverá ser submetida, primeiramente à homologação, após o que poderá ser processada perante o juiz federal competente, inclusive no que respeita à sentença arbitral estrangeira;*

VII – **o formal e a certidão de partilha, exclusivamente em relação ao inventariante, aos herdeiros e aos sucessores a título singular ou universal**, *que constituem títulos expedidos aos herdeiros do "de cujus", com enumeração dos bens havidos na herança e do quinhão atribuído a cada parte;*

Antes de ser examinada a relação dos títulos executivos extrajudiciais, é mister ressaltar que o legislador processual de 1973 concluiu por estabelecer igualdade entre os títulos executivos produzidos pelo Poder Judiciário e aqueles formados unicamente pela vontade e atividades de particulares entre si.

Segundo a nova redação do art. 585 do CPC, *in verbis*, introduzida pela Lei nº 11.832/2006, constituem títulos executivos extrajudiciais:

> *Art. 585. São títulos executivos extrajudiciais:*
>
> I – **a letra de câmbio, a nota promissória, a duplicata, a debênture e o cheque**, *valendo especificar que o primeiro constitui uma ordem de pagamento que o sacador dirige ao sacado para que pague a importância consignada no título a terceiro;* a **nota promissória**, *constituindo promessa de pagamento escrita, através da qual alguém se obriga a pagar a outrem a importância mencionada no mesmo título;* a **duplicata** *é um título de crédito circulável à ordem, fundado em compra e venda mercantil ou prestação de serviços;* a **debênture** *constitui título representativo de parcela de mútuo oferecido ao público por uma sociedade anônima, destinado ao financiamento de investimento fixo e de capital de giro;* o **cheque**, *título autônomo e abstrato, não vinculado a qualquer obrigação precedente, revestindo-se em ordem dirigida ao banco para que pague ao beneficiário a importância nele descrita;*
>
> II – **a escritura pública ou outro documento público assinado pelo devedor; o documento particular assinado pelo devedor e por duas testemunhas; o instrumento de transação referendado pelo Ministério Público, pela Defensoria Pública ou pelos advogados dos transatores**; *documentos públicos são atos escritos produzidos por serventuário público, em livro próprio, ou eventualmente praticados em repartição pública, observados os requisitos e formalidades legais previstas para sua autenticidade e legalidade; assim sendo, a* ***escritura pública*** *constitui documento lavrado por tabelião, na conformidade da legislação pertinente, representada por certidão ou traslado expedido pelo notário, em oposição ao* ***documento particular****, que materializa uma manifestação da vontade do emitente, desde que assinado por duas*

testemunhas (valendo como exemplo, um termo de confissão de dívida em repartição administrativa ou o compromisso de responsabilidade pela indenização dos danos em acidente automobilístico firmado perante a repartição do trânsito);[20] os instrumentos de **transação** que concretizam a existência de obrigação de fazer, não-fazer, entregar coisa certa, incerta ou pagamento de quantia, assinados pelo membro do Ministério Público.

Analisando a mesma questão, assevera Sergio Shimura que o testamento pode servir de título executivo extrajudicial, assim considerado o testamento particular como o público, uma vez que o testador declare dever a alguém quantia certa, líquida e exigível, não necessitará o credor aguardar a morte do devedor para cobrar a dívida;[21]

III – **os contratos garantidos por hipoteca, penhor, anticrese e caução, bem como os de seguro de vida;** a **hipoteca** *constitui modalidade de garantia real sujeitando certo imóvel ao pagamento de dívida, seja produzida a transferência da posse do bem gravado ao credor, podendo ser classificada em:* ***comum*** *(gravada sobre qualquer bem) ou* ***especial*** *(incidente sobre determinados bens, como é o caso de navios, estradas de ferro e aeronaves) e ainda:* ***convencional*** *(quando estabelecida através de um contrato bilateral, consensual e solene),* ***legal*** *(imposta como garantia de determinadas obrigações) e* ***judicial*** *(decorrente da sentença condenatória);* **penhor** *constitui o direito real de garantia consistente na transferência da posse de bem móvel que o devedor faz ao credor, podendo resultar de lei ou contrato;* **anticrese** *é o direito real sobre imóvel alheio através do qual o credor obtém a posse de imóvel com a finalidade de perceber-lhe os frutos e de imputá-los no pagamento da dívida, juros e capital;* **caução**, *normalmente conceituada como a garantia concedida a alguém contra eventuais danos futuros decorrentes de ato*

[20] Theodoro Júnior, Humberto. *Processo de Execução*, p. 148.

[21] Shimura, Sérgio. *Título Executivo*, p. 296-297.

praticado, podendo ser ***real*** *(quando a garantia é dada com oferecimento de bem) ou* ***pessoal*** *(quando haja indicação de pessoa que assuma a responsabilidade pela reparação de eventual dano);* **seguro de vida**, *ensejando o pagamento de prêmio na ocorrência de morte do segurado e de acidentes pessoais, materializado quando resultar incapacidade do segurado para suas atividades habituais;*

IV – **o crédito decorrente de foro e laudêmio;** o **foro**, *reveste-se em retribuição anual que o enfiteuta deve pagar ao senhorio pelo uso, gozo e disposição do bem com algumas restrições;* o **laudêmio** *consiste na compensação devida ao senhorio que não utiliza o direito de opção para aquisição do domínio uti;*

V – **o crédito, documentalmente comprovado, decorrente de aluguel de imóvel, bem como de encargos acessórios, tais como taxas e despesas de condomínio; o aluguel ou renda de imóvel** *correspondem à remuneração que o locatário ou arrendatário deve pagar periodicamente pela utilização do bem;* **despesas de condomínio**, *correspondente à quantia mensalmente estabelecida em decorrência das despesas com a manutenção e conservação de áreas comuns do bem imóvel;*

VI – **o crédito de serventuário de justiça, de perito, de intérprete, ou de tradutor, quando as custas, emolumentos ou honorários forem aprovados por decisão judicial**; *na acepção geral constituem tais créditos importâncias relativas à remuneração dos atos praticados por serventuários da justiça como é o caso do* ***perito, intérprete*** *e do* ***tradutor****, que terão seus* ***honorários*** *fixados por determinação judicial, enquanto que as* ***custas judiciais*** *vem perdendo interesse prático sob o aspecto de execução, posto que na sua generalidade, implicam em depósito prévio para a efetiva prática do ato;*

VII – **a certidão da dívida ativa da Fazenda Pública da União, dos Estados, do Distrito Federal, dos Territórios e dos Municípios, correspondente aos créditos inscritos na forma da lei**; na **certidão da Dívida**

Ativa *serão incluídas todas as receitas da Fazenda Pública, de natureza tributária ou não, incluindo correção monetária, juros, multa e demais encargos previstos contratualmente, segundo o disposto na Lei nº 6.830/1980, que autoriza a Fazenda a ingressar com a ação executiva contra o devedor, desde que apresente* **certidão da inscrição da dívida ativa** *na conformidade dos requisitos exigidos pelo diploma legal apontado; documentada a dívida através da respectiva certidão, constitui dos poucos títulos executivos extrajudiciais produzidos unilateralmente, isto é, sem a participação do devedor, motivo pelo qual sua certeza e liquidez são presumidas;*[22]

VIII – **todos os demais títulos, a que, por disposição expressa, a lei atribuir força executiva**, *vale dizer, a relação constante no dispositivo legal sob estudo não é taxativa, na medida em que a lei poderá criar outros títulos além dos atualmente previstos e que poderão ensejar sua qualificação como títulos executivos extrajudiciais, como é o caso das cédulas rural, de crédito industrial, hipotecária e de produto rural, letra imobiliária, cédula e nota de crédito à exportação, crédito de alienação fiduciária em garantia, crédito da previdência social, prêmio do contrato de seguro, honorários de advogado, multas e obrigações de fazer decorrentes de decisão do plenário do Conselho Administrativo de Defesa Econômica, crédito alimentar, créditos dos órgãos controladores do exercício profissional, multas do Tribunal de Contas da União, crédito decorrente de contrato de câmbio, compromisso arbitral que fixa os honorários dos árbitros e cédulas de créditos imobiliário e bancário.*[23]

Segundo Dinamarco, a enumeração contida em referido dispositivo legal está longe de ser considerada exaustiva, em face da existência de muitas leis especiais consagrando modalidades diferentes de títulos executivos, como a de processos ou procedimentos de execução específicos para execução dos créditos neles representados.[24]

---

[22] Shimura, Sérgio. *Título Executivo*, p. 342.

[23] Assis, Araken de. *Manual do Processo de Execução*, p. 186-188.

[24] Dinamarco, Cândido R. *Execução Civil*, p. 501.

A evolução do processo de execução civil implicou o estabelecimento de distinção entre duas espécies de execução, tratadas como institutos diferentes, anteriores à vigência da Lei nº 11.232/2005:

a) **a execução**, como simples prosseguimento da ação condenatória com poucas oportunidades de defesa do devedor, posto não mais persistirem dúvidas quanto ao direito de cada parte com a prolação da sentença transitada em julgado;
b) a **ação executiva** que possibilita, regra geral, ao executado oportunidades especiais para ampla defesa, eis que fundada na existência de título executivo extrajudicial.

Verifica-se que sob a ótica do Processo Civil, os títulos judiciais e extrajudiciais podem ensejar a tutela jurisdicional executiva quando não forem espontaneamente cumpridas as obrigações neles caracterizadas, esclarecendo-se que, na conformidade das alterações introduzidas pela Lei nº 11.232/2005, a antiga denominação dada à execução do títulos judiciais, passou a ser conhecida como **cumprimento da sentença**, segundo o disposto no art. 475-J do diploma processual.

De ser realçada, ainda, a noção de responsabilidade, que tal como concebida no passado, passou a incidir sobre o patrimônio do devedor como direito de ver cumprida a obrigação assumida.

Constata-se, ainda, a evolução do conceito da dívida como um vínculo de ordem pessoal, enquanto a responsabilidade constitui vínculo diretamente ligado ao patrimônio do devedor, que, na expressão de Cahali, pode ser resumida da seguinte forma: "o devedor *obriga-se*; seu patrimônio *responde*".[25]

Assim, regra geral, os bens do devedor representam garantia comum a todos os credores, sendo que, todos os bens e valores que integrarem seu patrimônio no momento da execução servirão como garantia pelas obrigações assumidas, de acordo com as regras contidas no art. 591 e seguintes do CPC.

Do quanto sumariamente exposto, conclui-se que desde a mais remota antigüidade e até mesmo à época da vigência da Lei

---

[25] Cahali, Yussef Said. *Fraude contra credores*, p. 23.

das XII Tábuas, a execução seria processada no interesse do credor, sob pena de desprestígio da atividade jurisdicional se esta não se encontrasse revestida de mecanismos que garantissem sua eficácia e efetividade.

Nesse mesmo sentido, as inúmeras reformas inseridas no bojo do atual diploma processual, tiveram como único objetivo alcançar a pronta efetividade do processo.

Reforçando referido entendimento, assevera Theodoro Júnior que "sem um processo de execução enérgico, eficiente e acessível nenhum País pode ser considerado moderno, em termos de Direito Processual Civil".[26]

Com efeito, as alterações introduzidas no atual diploma processual encontram-se fundadas na busca da maior efetividade da execução, limitando-se o formalismo ao estritamente necessário, segundo se verificará no curso deste trabalho.

---

[26] Theodoro Júnior, Humberto. *Processo de execução*, p. 39-40.

II

A EXECUÇÃO DE TÍTULO JUDICIAL NO PROCESSO DO TRABALHO

A execução de sentença constitui a prerrogativa atribuída ao titular da decisão transitada em julgado em exigir que o Estado, mediante constrangimento do devedor e de seu patrimônio, faça com que o mesmo cumpra sua obrigação.

De primordial relevo, verificar-se, inicialmente, quais as fontes que regulam a execução no processo do trabalho, a saber:

a) Constituição Federal, arts. 5º, XXXV, LV; e 93, IX;
b) CLT, arts. 876 a 892;
c) Lei dos Executivos Fiscais nº 6.830/1980;
d) CPC, constituindo fonte subsidiária da CLT;
e) Lei nº 8.078/1990, Código de Defesa do Consumidor, que se revelou de pouca utilização, exceto quanto às ações coletivas;
f) Súmulas, enunciados e orientações jurisprudenciais do TST e decisões dos Tribunais Regionais.

Segundo Amauri Mascaro Nascimento, a execução constitui o momento em que o Direito se encontra com a realidade física do processo.[27]

Para Moacyr Amaral Santos, "a execução forçada é o processo mediante o qual o Estado, via órgão jurisdicional competente, baseando-se em título judicial ou extrajudicial e fazendo uso de medidas coativas, torna efetiva e realiza a sanção, visan-

[27] Frediani, Yone. *Exceção de pré-executividade no processo do trabalho*, p. 26.

do alcançar, contra a vontade do executado, a satisfação do direito do credor".[28]

José Frederico Marques entende a execução como "o conjunto de atos praticados pelos litigantes, juiz e respectivos auxiliares, a fim de ser dado a cada um o que é seu".[29]

Manoel Antonio Teixeira Filho assevera ser "a atividade jurisdicional do Estado, de índole essencialmente coercitiva, desenvolvida por órgão competente, de ofício ou mediante iniciativa do interessado, com o objetivo de compelir o devedor ao cumprimento da obrigação contida em sentença condenatória transitada em julgado ou em acordo judicial inadimplido ou em título extrajudicial, previsto em lei".[30]

Verifica-se, assim, que diante dos inúmeros conceitos existentes, pode-se asseverar que a execução constitui o conjunto de atos judiciais praticados com a finalidade de dar efetividade a um título executivo, sempre que inexistir o cumprimento espontâneo da obrigação ou sentença.

Na sistemática anterior à vigência da Lei nº 9.958/2000, constituíam títulos com força executiva inseridos no processo trabalhista apenas as decisões transitadas em julgado e os acordos inadimplidos.

Podia-se, pois, afirmar que o título executivo judicial constituía o único meio que habilitava o credor a dar início à execução.

A CLT, no Capítulo V, arts. 876 ao 892, trata da execução, iniciando seus dispositivos com a tipificação dos títulos que ensejam tal procedimento.

I. Das disposições preliminares

Com o advento da Lei nº 9.958/2000 e conseqüente alteração do disposto no art. 876 da CLT, *in verbis*, foram introduzidos no âmbito da execução trabalhista títulos executivos extrajudiciais, encontrando-se o dispositivo legal apontado vazado nos seguintes termos:

---

[28] Santos, Moacyr Amaral. *Primeiras linhas de Direito Processual Civil*, v. 3, p. 205.

[29] Marques, José Frederico. *Manual de Direito Processual Civil*, v. 4, p. 1.

[30] Teixeira Filho, Manoel Antonio. *Execução no Processo do Trabalho*, p. 33-34.

> *Art. 876. As decisões passadas em julgado ou das quais não tenha havido recurso com efeito suspensivo; os acordos, quando não cumpridos; os termos de ajuste de conduta firmados perante o Ministério Público do Trabalho e os termos de conciliação firmados perante as Comissões de Conciliação Prévia serão executados pela forma estabelecida neste Capítulo.*

Verifica-se, pois, que o dispositivo legal sob estudo deu nova dimensão à execução trabalhista, inserindo títulos extrajudiciais aptos a ensejar o processo de execução, valendo dizer, o reclamante que tiver em seu poder título dessa natureza não necessitará ajuizar reclamação trabalhista, mas, tão-somente, ação de execução.

Lembra-se que sentenças transitadas em julgado são aquelas que não ensejam mais a interposição de qualquer recurso, dando origem à execução definitiva, enquanto que as decisões que ainda não transitaram em julgado são aquelas que se encontram na pendência de apreciação de recurso apresentado, podendo ser objeto de execução provisória.

Os acordos a que se refere a primeira parte do dispositivo sob estudo dizem respeito às avenças celebradas pelas partes e homologadas em juízo, que ao rigor do disposto no art. 831, parágrafo único da CLT, possuem força de decisão irrecorrível e que não foram integralmente cumpridos.

Referido dispositivo legal, trata, igualmente, da execução fundada em título judicial e extrajudicial, enquanto que as Leis n°s 11.232/2005 e 11.382/2006, respectivamente, tratam da execução, na atualidade denominado cumprimento da sentença fundada em título judicial e execução dos títulos extrajudiciais.

Por força da Emenda Constitucional nº 20/1998, foi atribuída à Justiça do Trabalho competência para executar, de ofício, contribuições sociais decorrentes das sentenças que proferir ou dos acordos homologados.

Seguiu-se a edição da Lei nº 10.035/2000 que disciplinou a forma de execução de tais contribuições, independentemente de qualquer requerimento do INSS nesse sentido em face do caráter *ex officio* de tais cobranças.

Portanto, a partir da regulamentação imposta pela Lei nº 10.035/2000, a Justiça do Trabalho passou a executar, também, os créditos previdenciários em decorrência de suas decisões ou da homologação de acordos, sendo que por força da recente alteração introduzida pela Lei nº 11.457/1907, que criou a denominada "super-receita", nova redação foi dada ao disposto no parágrafo único do art. 876, *in verbis*:

> *Serão executados* ex officio *as contribuições sociais devidas em decorrência de decisão proferida pelos Juízes e Tribunais do Trabalho, resultantes de condenação ou homologação de acordo, inclusive sobre os salários pagos durante o período contratual reconhecido.*

A alteração introduzida no referido parágrafo ampliou as hipóteses de cobrança das contribuições devidas, já que abarcou, além das incidências sobre sentenças e acordos, a possibilidade de cobrança das mesmas contribuições quando houver reconhecimento da relação de emprego ou condenação no pagamento de título, cujas contribuições não tenham sido objeto de regular recolhimento pelo empregador.

Quanto à fixação da competência para a execução dos títulos judiciais e extrajudiciais, determinou o juiz competente para o processo de conhecimento, diante do disposto nos arts. 877 e 877-A da CLT, respectivamente, *in verbis*:

> *É competente para a execução das decisões o Juiz ou Presidente do Tribunal que tiver conciliado ou julgado originariamente o dissídio.*
>
> *É competente para a execução de título executivo extrajudicial o juiz que teria competência para o processo de conhecimento relativo à matéria.*

Como se sabe, a execução no processo do trabalho é considerada fase processual e, portanto, competente para executar a sentença ou acordo inadimplido será o Juízo que conheceu do processo de conhecimento.

Com o advento da Emenda Constitucional nº 45/2004, nova atribuição foi dada à Justiça do Trabalho, eis que passou a ser competente para execução das multas administrativas fixadas pelas autoridades regionais do trabalho.

No processo do trabalho a iniciativa da execução poderá ser promovida por qualquer interessado, inclusive o executado, ou de ofício, pelo magistrado, em face do comando inserto no art. 878 da Consolidação, *in verbis*:

> *A execução poderá ser promovida por qualquer interessado, ou* ex officio *pelo próprio Juiz ou Presidente do Tribunal competente, nos termos do artigo anterior.*

Entretanto, quando a execução se fundar em decisão proferida por Tribunais Regionais, em dissídios coletivos, que porventura tenham imposto o pagamento de multa a qualquer das entidades litigantes, a execução poderá ser promovida pela Procuradoria da Justiça do Trabalho, segundo o disposto no parágrafo único do artigo sob estudo, *in verbis*:

> *Quando se tratar de decisão dos Tribunais Regionais, a execução poderá ser promovida pela Procuradoria da Justiça do Trabalho.*

Por outro lado, verifica-se a possibilidade dada ao devedor da obrigação em proceder ao pagamento das contribuições devidas à Previdência Social imediatamente, respondendo, porém, por eventuais diferenças que resultarem devidas, segundo a regra contida no art. 878-A, *in verbis*:

> *Faculta-se ao devedor o pagamento imediato da parte que entender devida à Previdência Social, sem prejuízo da cobrança de eventuais diferenças encontradas na execução* ex officio.

Necessário lembrar que nem todas as decisões proferidas estarão aptas a ensejar sua pronta execução, diante da existência de sentenças **líquidas e ilíquidas**.

Líquidas são as decisões que possuem valor certo e determinado e **ilíquidas**, as que dependem de determinação, visto que o título a ser executado há de encontrar-se apto e completo a fim de ensejar a fase de execução.

Em razão das alterações supra-apontadas, quer no processo civil, quer no processo do trabalho, a **liquidação de sentença** corresponde à fase de complementação da decisão de mérito, dependendo sua apuração por meio de cálculos, arbitramento ou artigos de liquidação.

A natureza jurídica da liquidação de sentença corresponde a "um processo de conhecimento preparatório de uma futura execução forçada", posto que a decisão proferida na fase de liquidação não altera a sentença condenatória, servindo, apenas, para estabelecer exatamente o que é devido ao vencedor da lide.[31]

No processo trabalhista, a liquidação pode ser realizada através de cálculos, artigos e mediante arbitramento, segundo a regra contida no art. 879 da CLT, *in verbis*, vazado nos seguintes termos:

> *Art. 879. Sendo ilíquida a sentença exeqüenda, ordenar-se-á, previamente, a sua liquidação, que poderá ser feita por cálculos, por arbitramento ou por artigos.*

A liquidação por artigos haverá de ser utilizada quando houver necessidade de comprovação de fato novo, ou seja, produção de provas objetivando a fixação do valor do direito reconhecido.

Em se tratando de liquidação por arbitramento, via de regra, haverá a necessidade de realização de prova técnica, facultando-se às partes o oferecimento de quesitos para esclarecimento da controvérsia.

Em qualquer caso, porém, a liquidação não poderá modificar a decisão proferida, nem tampouco discutir matéria já superada pelo processo de conhecimento, devendo, sempre incluir as contribuições devidas à Previdência Social, diante das regras contidas nos §§ 1º e 1º-A do art. 879, respectivamente, *in verbis*:

> *Na liquidação, não se poderá modificar, ou inovar, a sentença liquidanda, nem discutir matéria pertinentes à causa principal.*
>
> *A liquidação abrangerá, também o cálculo das contribuições previdenciárias devidas.*

---

[31] Malta, Christovão Piragibe. Tostes *Prática do processo trabalhista*, p.18.

No que respeita ao processo civil, em decorrência das inovações trazidas pela Lei nº 11.232/2005, a liquidação por cálculo aritmético encontra-se disciplinada no art. 475-B, enquanto que as liquidações por arbitramento e por artigos encontram-se inseridas nos arts. 475-C e 475-E, respectivamente.

Transitada em julgado a decisão proferida no processo de conhecimento, as partes serão intimadas para apresentação da conta de liquidação, que deverá abranger, ainda, as contribuições previdenciárias, diante da norma inserta no § 1º-B do art. 879 consolidado, *in verbis*:

> *As partes deverão ser previamente intimadas para a apresentação do cálculo de liquidação, inclusive da contribuição previdenciária incidente.*

Apresentados os cálculos e fixado o valor da condenação por meio da sentença de liquidação, poderá o magistrado abrir prazo sucessivo de 10 (dez) dias às partes para impugnação do valor fixado e conseqüente indicação dos valores tidos como devidos, sob pena de preclusão, segundo a norma contida no § 2º do art. 879, da Consolidação, *in verbis*:

> *Elaborada a conta e tornada líquida, o juiz poderá abrir às partes prazo sucessivo de 10 (dez) dias para impugnação fundamentada com a indicação dos itens e valores objeto da discordância, sob pena de preclusão.*

Como se verifica, o procedimento nessa fase não é uniforme, diante da própria redação do dispositivo legal apontado, na medida em que constitui faculdade do magistrado possibilitar às partes manifestação quanto à divergência do valor fixado, sob pena de preclusão, ou remeter essa mesma discussão para fase posterior, após a garantia do Juízo.

Ato contínuo, o magistrado procederá à intimação do INSS para manifestação sobre o cálculo das contribuições tidas por devidas, no prazo de 10 (dez) dias, sob pena de preclusão, em face do disposto no § 3º do art. 879, *in verbis*:

> *Elaborada a conta pela parte ou pelos órgãos auxiliares da Justiça do Trabalho, o juiz procederá à intimação da União*

> *para manifestação, no prazo de 10 (dez) dias, sob pena de preclusão.*

O dispositivo em apreço é resultado das modificações introduzidas pela Lei nº 11.457/2007, visto que a redação anterior determinava a intimação do INSS; assim, na atual redação, a Procuradoria-Geral da União se manifestará não só acerca das contribuições previdenciárias, como também quanto às importâncias devidas a título de Imposto de Renda.

A atualização das contribuições devidas à Previdência Social será apurada com base na própria legislação previdenciária, segundo o contido no § 4º do art. 879, *in verbis*:

> *A atualização do crédito devido à Previdência Social observará os critérios estabelecidos na legislação previdenciária.*

A critério do Ministro da Fazenda, a manifestação da União poderá ser dispensada por intermédio de seus procuradores, quando os valores devidos forem inexpressivos, segundo se constata da redação contida no § 5º, acrescido por força da Lei nº 11.457/2007, do dispositivo sob estudo, *in verbis*:

> *O Ministro do Estado da Fazenda poderá, mediante ato fundamentado, dispensar a manifestação da União quando o valor total das verbas que integram o salário-contribuição, na forma do art. 28 da Lei 8.212, de 24 de julho de 1991, ocasionar perda de escala decorrente da atuação do órgão jurídico.*

No procedimento civil, novas regras foram introduzidas através dos arts. 475-L e M para impugnação do valor fixado, sem qualquer efeito suspensivo como regra, lembrando-se que referida decisão será passível da possibilidade de interposição de recurso da decisão mediante agravo de instrumento, ou apelação, quando decretada a extinção da execução.

Já, no processo do trabalho, as decisões proferidas nessa fase processual constituem decisões interlocutórias, sendo, portanto, irrecorríveis de imediato, salvo se concluírem pela extinção da execução, quando, então, caberá a apresentação de agravo de petição.

2. Do mandado e da penhora

Superada a fase de liquidação ou acertamento do título judicial com a determinação do valor a ser executado, a execução no processo do trabalho seguirá o procedimento descrito no art. 880 da CLT, com conseqüente expedição de mandado de citação ao executado, para cumprir a decisão ou acordo no prazo de 48 horas, podendo, no mesmo prazo, garantir a execução sob pena de penhora, *in verbis*:

> *Art. 880. Requerida a execução, o juiz ou presidente do tribunal, mandará expedir mandado de citação ao executado, a fim de que cumpra a decisão ou o acordo no prazo, pelo modo e sob as cominações estabelecidas, ou, quando se tratar de pagamento em dinheiro, inclusive de contribuições sociais devidas à União, para que o faça em 48 (quarenta e oito) horas ou garanta a execução, sob pena de penhora.*

Também o dispositivo sob exame resultou alterado pela Lei nº 11.457/2007, posto que na redação anterior havia referência ao INSS, não sendo demais repetir que o atual comando remete às contribuições previdenciárias e fiscais.

Relativamente ao procedimento do processo civil, as recentes alterações introduzidas pela Lei nº 11.232/2005, suprimiram a citação do devedor, já que será intimado na forma prevista no § 1º do art. 475-J, sendo-lhe concedido o prazo de 15 (quinze) dias para cumprimento da sentença, sob pena de responder pelo pagamento de multa de 10% (dez por cento), segundo o disposto no art. 475-J do CPC.

A citação de que trata referido dispositivo legal será realizada por oficial de justiça, inserindo-se no mandado a decisão exeqüenda ou o termo de acordo inadimplido, em face das regras contidas nos §§ 1º e 2º do dispositivo legal apontado, respectivamente, *in verbis*:

> *O mandado de citação deverá conter a decisão exeqüenda ou o termo de acordo não cumprido.*
> *A citação será feita pelos oficiais de justiça.*

No procedimento previsto pela CLT destaca-se a hipótese de não ser encontrado o executado, circunstância que ensejará sua citação por edital, embora na prática tal procedimento não seja freqüente, segundo a norma contida no § 3º do dispositivo legal sob estudo, *in verbis*:

> *Se o executado, procurado por 2 (duas) vezes no espaço de 48 (quarenta e oito) horas, não for encontrado, far-se-á a citação por edital, publicado no jornal oficial ou, na falta deste, afixado na sede da Junta ou Juízo, durante 5 (cinco) dias.*

Se o executado realizar o pagamento, inclusive através de depósito bancário ou diretamente ao exeqüente ou seu patrono, referido ato será noticiado nos autos para a consequente conclusão do processo, pagamento de custas e demais encargos, se houver, em face do disposto no art. 881 e seu parágrafo único, respectivamente, *in verbis*:

> *No caso de pagamento da importância reclamada, será este feito perante o escrivão ou chefe de secretaria, lavrando-se termo de quitação, em 2 (duas) vias, assinadas pelo exeqüente, pelo executado e pelo mesmo escrivão ou chefe de secretaria, entregando-se a segunda via ao executado e juntando-se a outra ao processo.*

O parágrafo único do dispositivo sob análise permite a realização de depósito bancário da importância devida, bastando, para tanto, retirar junto à Vara de Trabalho respectiva, a competente guia de depósito.

> *Não estando presente o exeqüente, será depositada a importância, mediante guia, em estabelecimento oficial de crédito ou, em falta deste, em estabelecimento bancário idôneo.*

Não observando o executado o prazo previsto no art. 880 da CLT para pagamento da importância devida, poderá o devedor garantir a execução através de depósito da mesma, devidamente atualizada, ou nomear bens à penhora, observando a ordem preferencial contida no art. 655 do CPC, ao rigor do disposto no art. 882, da Consolidação, *in verbis*:

> *O executado que não pagar a importância reclamada poderá garantir a execução mediante depósito da mesma, atualiza-*

> *da e acrescida das despesas processuais, ou nomeando bens à penhora, observada a ordem preferencial estabelecida no art. 655 do Código Processual Civil.*

Quanto ao procedimento do processo civil, as novas alterações introduzidas pela Lei nº 11.232/2005, contidas no § 3º, do art. 475-J, facultaram ao exeqüente, desde logo, a indicação de bens do executado a serem penhorados.

Não procedendo o executado ao pagamento, tampouco garantindo a execução com indicação de bens à penhora, sofrerá a constrição de tantos quantos bastem para pagamento da condenação com os acessórios legais, segundo a regra inserta no art. 883, da Consolidação, *in verbis*:

> *Não pagando o executado, nem garantindo a execução, seguir-se-á penhora dos bens, tantos quantos bastem ao pagamento da importância da condenação, acrescida de custas e juros de mora, sendo estes, em qualquer caso, devidos a partir da data em que for ajuizada a reclamação inicial.*

Nesse momento, inicia-se uma nova fase processual através da garantia do Juízo, que permitirá ao executado voltar-se contra a sentença de liquidação ou quanto à constrição dos bens.

Manifestando-se acerca dos efeitos da penhora, Tostes Malta assevera que "para o credor a penhora importa na individuação dos bens com que satisfará seu crédito. Para o devedor acarreta a perda da posse direta e da total disponibilidade dos bens penhorados".[32]

Uma vez aceita a indicação formulada pelo executado ou decidida a nomeação de bens pelo juiz, seguir-se-á a penhora dos mesmos, eis que o objeto da constrição poderá ser qualquer bem que possua valor econômico, respeitando-se, sempre que possível, a ordem estabelecida no art. 655 do diploma processual, recentemente alterado pela Lei nº 11.832/2006, redigido, da seguinte forma, *in verbis*:

---

[32] *Ibid.*, p. 93.

A penhora observará, preferencialmente a seguinte ordem:

I – dinheiro, em espécie ou em depósito ou aplicação em instituição financeira;

II – veículos de via terrestre;

III – bens móveis em geral;

IV – bens imóveis;

V – navios e aeronaves;

VI – ações e quotas de sociedades empresárias;

VII – percentual sobre o faturamento de empresa devedora;

VIII – pedras e metais preciosos;

IX – títulos da dívida pública da União, Estados e Distrito Federal com cotação em mercado;

X – títulos e valores mobiliários com cotação em mercado;

XI – outros direitos.

Portanto, a penhora corresponde à apreensão física dos bens do executado para satisfação da condenação, dando início aos procedimentos próprios da execução, que consistirão na individualização dos bens, sua identificação e conseqüente avaliação pelo oficial de justiça e na nomeação de depositário.

Por outro lado, verifica-se que a ordem contida no dispositivo legal supracitado busca a apreensão de bens de fácil comercialização, ou seja, que despertem real interesse de terceiros na aquisição do mesmos por meio de futura venda judicial.

3. Dos embargos à execução e da sua impugnação

Uma vez materializada a constrição através do competente auto de penhora, necessária a intimação do executado para que, dentro do prazo legal, ofereça sua defesa, no caso, embargos, na condição de devedor, cujo pressuposto para apresentação de defesa será a denominada **garantia do juízo**, encontrando-se, assim, perfeito e acabado o auto de penhora.

Resta enfatizar que a garantia do Juízo poderá ser realizada por depósito do valor exeqüendo, indicação de bens à penhora pelo executado ou constrição de tantos quantos bastem para satisfação do débito pelo oficial de justiça.

De acordo com a nova sistemática introduzida pela Lei nº 11.232/2005, estabeleceu o § 1º do art. 475-J, a intimação do executado, na pessoa de seu advogado, representante legal ou pessoalmente, para oferecimento de impugnação, no prazo de 15 (quinze) dias, cujos limites encontram-se definidos no art. 475-L do mesmo diploma legal.

Verifica-se, assim, que o novo sistema processual, diversamente do que ocorre no processo do trabalho, substituiu a figura dos **embargos** que produziam a suspensão da execução, pela **impugnação**, sem efeito suspensivo, como regra geral, ao rigor do comando inserto no art. 475-M do texto processual.

No processo do trabalho, tal como ocorre no processo civil, os embargos têm natureza jurídica de ação, preservando, assim, o direito de defesa do executado, sendo definidos como "ação de conhecimento, geradora de processo incidental e autônomo, mediante a qual, com a suspensão da execução, o executado impugna a pretensão creditícia do exeqüente e a validade da relação processual executiva".[33]

Regra geral, os embargos no processo do trabalho podem ser opostos em duas fases distintas:

a) na **primeira fase**, ou seja, após a garantia do Juízo, quando denominados de embargos à execução;
b) na **segunda fase**, a saber, antes da alienação do bem constrito, quando denominados embargos à arrematação e à adjudicação.

No processo civil, de acordo com as alterações introduzidas pelas Leis nºs 11.232/2005 e 11.382/2006, os embargos são próprios da execução por títulos extrajudiciais, eis que suprimidos quando se tratar de títulos judiciais, conforme apontado anteriormente.

Concluído o auto de penhora, seguir-se-á a materialização do auto de depósito, com o encargo assumido pelo depositário em cui-

---

[33] Talamini, Eduardo. *Embargos do executado*, Carta Jurídica, Direito Processual Civil, p. 140.

dar e zelar pelo bem, assim conservando-o até que lhe seja determinada sua restituição quando da futura arrematação do bem constrito.

Portanto, garantida a execução por depósito, indicação de bens à penhora ou efetivamente através de constrição judicial desses, terá o executado o prazo de 5 (cinco) dias para apresentação de seus embargos, devendo o exeqüente manifestar-se em igual prazo, diante da regra contida no art. 884 da CLT, *in verbis*:

> *Garantida a execução ou penhorados os bens, terá o executado 5 (cinco) dias para apresentar embargos, cabendo igual prazo ao exeqüente para impugnação.*

No entanto, a defesa do executado encontra-se limitada às seguintes hipóteses: cumprimento da decisão ou do acordo, quitação ou prescrição da dívida, fatos esses, supervenientes à decisão proferida no processo de conhecimento, pois caso contrário, deveriam de ter sido apresentadas como matéria própria de defesa na fase de conhecimento, em face do comando inserto no § 1º do art. 884, *in verbis*:

> *A matéria de defesa será restrita às alegações de cumprimento da decisão ou do acordo, quitação ou prescrição da dívida.*

Se necessária for a produção de provas outras, além da documental, inclusive a inquirição de testemunhas, o juiz designará audiência, para esclarecimento dos fatos controvertidos, preservando-se sempre o princípio do contraditório e da ampla defesa, em face do disposto nos § 2º do art, 884, *in verbis*:

> *Se na defesa tiverem sido arroladas testemunhas, poderá o Juiz ou o Presidente do Tribunal, caso julgue necessários seus depoimentos, marcar audiência para produção das provas, a qual deverá realizar-se dentro de 5 (cinco) dias.*

De acordo com o critério utilizado pelo juiz quando da fixação do valor da liquidação por sentença, caberá a impugnação dessa através de embargos, se não tiver sido facultado às partes a manifestação; caso contrário, a matéria sujeita-se à preclusão, valendo dizer, os embargos poderão ser opostos com fundamentos outros que não os utilizados quando da impugnação da sentença de liquidação, segundo a regra contida no § 3º do dispositivo legal sob análise, *in verbis*:

> *Somente nos embargos à penhora poderá o executado impugnar a sentença de liquidação, cabendo ao exequente igual direito e no mesmo prazo.*

Realizada, ou não, audiência na fase de embargos, seguir-se-á a decisão das alegações formuladas em relação à sentença de liquidação ou aos incidentes próprios da penhora segundo argüição contida nos embargos, da qual serão as partes em face do disposto no § 4º do mesmo dispositivo sob estudo, *in verbis*:

> *Julgar-se-ão na mesma sentença os embargos e as impugnações à liquidação apresentadas pelos credores trabalhista e previdenciário.*

Lembra-se por oportuno que alguns títulos podem ser considerados inexigíveis quando fundados em lei ou ato normativo declarados inconstitucionais pelo Supremo Tribunal Federal, em face da redação contida no § 5º do artigo sob análise, *in verbis*:

> *Considera-se inexigível o título judicial fundado em lei ou ato normativo declarados inconstitucionais pelo Supremo Tribunal Federal ou em aplicação ou interpretação tidas por incompatíveis com a Constituição Federal.*

4. Do julgamento e dos trâmites finais da execução

No caso de ser desnecessária a produção de provas de audiência, o juiz decidirá o mérito dos embargos, julgado subsistente ou não a penhora realizada, o mesmo sucedendo, se tiver sido realizada audiência com inquirição de testemunhas, se for o caso, em face do disposto no art. 885 da CLT, *in verbis*:

> *Não tendo sido arroladas testemunhas na defesa, o juiz ou presidente, conclusos os autos proferirá sua decisão, dentro de 5 (cinco) dias, julgando subsistente ou insubsistente a penhora.*

Arroladas testemunhas e após instrução dos embargos opostos, o juiz determinará a conclusão dos autos para prolação da sentença, em face do disposto no art. 886 da Consolidação, *in verbis*:

> *Se tiverem sido arroladas testemunhas, finda a sua inquirição em audiência, o escrivão ou secretário, fará, dentro de 48 (quarenta e oito) horas, conclusos os autos ao juiz ou presidente, que proferirá sua decisão, na forma prevista no artigo anterior.*

Em qualquer das hipóteses, com ou sem instrução do mérito, da decisão proferida serão as partes notificadas, para, se for o caso, recorrerem da mesma decisão, apresentando agravo de petição ao Tribunal Regional do Trabalho, no prazo de 8 (oito) dias, em face do disposto no § 1º do art. 886 da CLT, *in verbis*:

> *Proferida a decisão, serão da mesma notificadas as partes interessadas, em registrado postal, com franquia.*

Ato contínuo o juiz determinará que seja procedida a avaliação dos bens penhorados, realizada por oficial de justiça, segundo as atribuições fixadas pelo art. 721 da Consolidação, na forma do disposto no § 2º do dispositivo sob análise.

O art. 887 da CLT que dispõe sobre a avaliação dos bens penhorados encontra-se prejudicado em face do estabelecido no art. 3º da Lei nº 5.584/1970, que disciplinou a questão de modo diverso, motivo pelo qual transcreve-se o mesmo sem quaisquer outros comentários, *in verbis*:

> *A avaliação dos bens penhorados em virtude da execução de decisão condenatória, será feita por avaliador escolhido de comum acordo pelas partes, que perceberá as custas arbitradas pelo juiz, ou presidente do tribunal trabalhista, de conformidade com a tabela a ser expedida pelo Tribunal Superior do Trabalho.*

De igual forma, o disposto no § 1º do artigo sob análise também encontra-se prejudicado pelos motivos acima expostos, *in verbis*:

> *Não acordando as partes quanto à designação de avaliador, dentro de cinco dias após o despacho que o determinou a avaliação, será o avaliador designado livremente pelo juiz ou presidente do tribunal.*

Também a redação contida no § 2º do artigo sob estudo, *in verbis*, encontra-se derrogada em face das atribuições descritas no art. 721 da CLT, determinando que a avaliação dos bens penhorados seja realizada por oficial de justiça avaliador.

> *Os servidores da Justiça do Trabalho não poderão ser escolhidos ou designados para servir de avaliador.*

O trânsito em julgado da decisão dos embargos que porventura tenha mantido a quantia fixada em liquidação de sentença e, por conseguinte, julgado subsistente a penhora realizada, determinará o prosseguimento dos atos próprios da execução, com a conseqüente publicação de edital para dar conhecimento ao público da venda judicial, com antecedência de 20 (vinte) dias, segundo a norma contida no art. 888 da Consolidação, *in verbis*:

> *Concluída a avaliação, dentro de 10 (dez) dias, contados da data da nomeação do avaliador, seguir-se-á a arrematação que será anunciada por edital afixado na sede do Juízo ou Tribunal e publicado no jornal local, se houver, com antecedência de 20 (vinte) dias.*

No âmbito do Tribunal Regional da 2ª Região, foi adotada a prática de realização de hastas públicas unificadas, cuja disciplina encontra-se prevista no Provimento GP/CR nº 01/2007, que, dentre outras exigências previu a necessidade de cadastramento de lançadores e de leiloeiros, sendo referida praça presidida por juiz designado pelo presidente do Tribunal.

Na data designada para a praça, intimadas as partes de sua realização, os bens constritos serão vendidos pelo maior lance, tendo o exeqüente preferência para a adjudicação dos mesmos, diante do disposto no § 1º da norma legal supra–apontada, *in verbis*:

> *A arrematação far-se-á em dia, hora e lugar anunciados e os bens serão vendidos pelo maior lance, tendo o exeqüente preferência para a adjudicação.*

Alguns aspectos relativos aos resultados da praça do bem penhorado merecem consideração, posto que a **arrematação** constitui ato de terceiro que participa da venda pública, enquanto que a

adjudicação pressupõe manifestação de vontade do exeqüente em agregar o bem penhorado ao seu patrimônio para pagamento de seu crédito e a **remição**, ato do executado, através do qual deverá pagar a integralidade do crédito, acrescido das despesas próprias da execução, tendo por conseqüência a liberação do bem penhorado que volta a integrar o patrimônio do executado, diante do disposto no art. 13 da Lei nº 5.584/1970.

De ser lembrado que tanto a adjudicação quanto a remição somente poderão ter lugar antes da assinatura do respectivo auto de arrematação, sendo que a remição prefere o pedido de adjudicação e este a arrematação.

O arrematante deverá garantir o lance com depósito da importância correspondente a 20% (vinte por cento) do seu valor, por meio de guia de depósito expedida pela Secretaria da Vara do Trabalho em que se realizar a praça, segundo o disposto no § 2º do art. 888 da CLT, *in verbis*:

> *O arrematante deverá garantir o lance com o sinal correspondente a 20% (vinte por cento) do seu valor.*

Ato contínuo, inexistindo interessados na arrematação e não tendo o exeqüente formulado pedido de adjudicação, os bens constritos poderão ser vendidos por leiloeiro nomeado pelo juiz, diante do disposto no § 3º do mesmo dispositivo legal, *in verbis*:

> *Não havendo licitante, e não requerendo o exeqüente a adjudicação dos bens penhorados, poderão os mesmos ser vendidos por leiloeiro nomeado pelo juiz ou presidente.*

Arrematado o bem por terceiro, deverá o mesmo completar o respectivo preço no prazo de 24 (vinte e quatro) horas, sob pena de perda da importância depositada a título de sinal em favor da execução, designando-se nova praça para venda dos bens constritos, em face da regra contida no § 4º do mesmo dispositivo, *in verbis*:

> *Se o arrematante, ou seu fiador, não pagar dentro de 24 (vinte e quatro) horas o preço da arrematação, perderá, em benefício da execução, o sinal de que trata o § 2º deste artigo, voltando à praça os bens executados.*

A execução no processo do trabalho, como se enfatizou no início, rege-se pelas normas da própria Consolidação, na sua omissão ou falha, pela Lei nº 5.584/1970, Lei nº 6.830/1980 e subsidiariamente pelo Código de Processo Civil, diante da norma contida no art. 889, *in verbis*:

> *Aos trâmites e incidentes do processo da execução são aplicáveis, naquilo em que não contravierem ao presente Título, os preceitos que regem o processo dos executivos fiscais para cobrança judicial da dívida ativa da Fazenda Pública Federal.*

Os recolhimentos devidos à Previdência Social serão realizados junto à Caixa Econômica Federal ou ao Banco do Brasil, através de GRPS, com identificação do processo a que se refere, segundo a regra contida no art. 889-A, *in verbis*:

> *Os recolhimentos das importâncias devidas, referentes às contribuições sociais, serão efetuados nas agências locais da Caixa Econômica Federal ou do Banco do Brasil S/A, por intermédio de documento de arrecadação da Previdência Social, dele se fazendo constar o número do processo.*

A recente Lei nº 11.457/2007 introduziu a possibilidade de parcelamento das contribuições devidas, com conseqüente suspensão do recolhimento das contribuições devidas até quitação do mesmo, segundo a regra inserta no § 1º do mesmo dispositivo sob estudo, *in verbis*:

> *Concedido parcelamento pela Secretaria da Receita Federal do Brasil, o devedor juntará aos autos a comprovação do ajuste, ficando a execução da contribuição social correspondente suspensa até a quitação de todas as parcelas.*

A partir da vigência da Lei nº 11.457/2007, as Varas do Trabalho passaram a ter a obrigação de encaminharem mensalmente à Secretaria da Receita Federal, cópias das respectivas guias de recolhimento para aferição das contribuições realizadas, diante da redação do § 2º do art. 889-A, *in verbis*:

> *As Varas do Trabalho encaminharão mensalmente à Secretaria da Receita Federal do Brasil informações sobre os recolhimentos efetivados nos autos, salvo se outro prazo for estabelecido em regulamento.*

5. Da execução por prestações sucessivas

O art. 890, *verbis* dispõe sobre a fonte a ser utilizada para execução de prestações sucessivas:

> *A execução para pagamento de prestações sucessivas far-se-á com observância das normas constantes desta Seção, sem prejuízo das demais estabelecidas neste Capítulo.*

Caso tenha sido celebrado e devidamente homologado acordo para pagamento em diversas parcelas, o inadimplemento de uma delas acarretará o vencimento das demais, que serão executadas acrescidas da multa porventura estipulada na avença, segundo o disposto no art. 891, *in verbis*:

> *Nas prestações sucessivas por tempo determinado, a execução pelo não-pagamento de uma prestação compreenderá as que lhe sucederem.*

Se, porventura, tratar-se de ajuizamento de reclamação trabalhista cujo reclamante continue trabalhando na empresa reclamada e o pedido revestir-se de títulos que se vencem mês a mês, a decisão condenará o autor ao recebimento de prestações vencidas e vincendas.

Nessa hipótese, deverão ser executadas apenas as parcelas vencidas até o início da execução, ficando as demais sujeitas à execução futura caso sejam inadimplidas pelo devedor, em face do disposto no art. 892 da CLT, *in verbis*:

> *Tratando-se de prestações sucessivas por tempo indeterminado, a execução compreenderá inicialmente as prestações devidas até a data do ingresso na execução.*

Feitas tais considerações a propósito do trâmite da execução dos títulos judiciais, deve ainda ser lembrado que, concluída a praça e concretizada a hipótese de arrematação ou adjudicação, será expedido o competente auto de arrematação ou de adjudicação, lembrando-se que na concorrência de ambas as hipóteses, a adjudicação terá preferência em relação à arrematação, que será feita pelo valor do maior lance oferecido.

Caso inexistam licitantes, a adjudicação ficará vinculada ao valor da avaliação do bem penhorado, de vez que referido instituto, constitui prerrogativa do exeqüente em requerer a transferência do bem arrematado a ser agregado ao seu patrimônio como modalidade de pagamento de seu crédito.

Deve ressaltar-se que se o valor penhorado for superior ao crédito do exeqüente, ficará este obrigado a depositar a diferença respectiva, no prazo de 3 (três) dias, sob pena de ser tornada sem efeito a hasta, na conformidade do disposto no Provimento GP/CR nº 01/2007.

Nessa mesma oportunidade, porém, sempre antes da assinatura do respectivo auto, poderá o executado remir a dívida, fundando-se tal prerrogativa no princípio da execução menos gravosa ao devedor, permitindo ao executado o pagamento da condenação, acrescida dos acessórios legais e custas processuais.

Melhor esclarecendo, a remição consiste no pagamento integral do valor exeqüendo, tendo por finalidade a liberação do bem penhorado em favor do executado e conseqüente extinção da execução, posto que alcançada a efetividade do processo com a satisfação integral do crédito do exeqüente.

Exatamente nessa fase é que podem ser opostos os denominados embargos de 2ª fase, também conhecidos como embargos à praça, que se voltam contra a arrematação ou a adjudicação, segundo o disposto no art. 789-A, V, da Consolidação, que à semelhança do que ocorre com os demais embargos admissíveis no processo do trabalho, o prazo para interposição será de 5 (cinco) dias da ciência da praça.

O procedimento adotado implica a notificação da parte contrária para contestação dos embargos no prazo de 5 (cinco) dias, seguida da respectiva decisão, da qual serão as partes notificadas e que ensejará a apresentação de agravo de petição ao Tribunal Regional do Trabalho no prazo de 8 (oito) dias, se for o caso.

Paralelamente à interposição dos embargos do devedor após a garantia do Juízo, poderá ocorrer a hipótese de surgimento de defesa no processo de execução por quem não seja o devedor na relação processual, mas tenha interesse no feito em virtude de ter sofrido constrição sobre seus bens, surgindo a hipótese dos embargos de terceiro, previstos nos arts. 1.046 a 1.056 do CPC.

Os embargos de terceiro serão distribuídos por dependência ao processo que originou a apreensão dos bens, no prazo de até 5 (cinco) dias a partir da arrematação, adjudicação ou remissão, mas sempre antes da assinatura do respectivo auto.

Contestados ou não os embargos de terceiro ou após sua instrução, a decisão que vier a ser proferida poderá ser revista através de Agravo de Petição do Tribunal Regional do Trabalho, no prazo de 8 (oito) dias.

Durante o trâmite dos embargos de terceiro os atos próprios da execução no processo principal serão suspensos, ainda que parcialmente, no caso de que somente alguns bens objeto da penhora sejam objeto dos embargos.

Referida medida destina-se à desconstituição da penhora efetivada sobre bens de terceiro não incluído no âmbito da responsabilidade patrimonial do executado.

Lembra-se, ainda, que em se tratando de execução provisória no processo do trabalho, os atos executórios serão praticados até a garantia do Juízo, ou seja, atos anteriores a qualquer alienação patrimonial, o que significa dizer que nenhum levantamento haverá de ser autorizado em face da controvérsia na pendência de recurso e possibilidade de reforma da decisão proferida em primeiro grau de jurisdição, visto que o sistema processual trabalhista não se utiliza do instituto da caução, tal como ocorre no processo civil.

Quanto ao processo civil, novas regras a direcionar a execução provisória foram introduzidas no sistema até então vigente, com o advento da Lei nº 11.232/2005, através das regras contidas no art. 475-O, revogados que foram os arts. 589 a 590 do estatuto processual.

Com relação ao processo civil, as disposições contidas no art. 647, com a nova redação dada pela Lei nº 11.382/2006, prestigiam a adjudicação como forma de liquidação, além de inserir novas modalidades de arrematação, como a alienação por iniciativa particular e o usufruto de bens móveis ou imóveis.

Importante salientar que a prioridade na execução trabalhista será sempre para a **adjudicação**, não sendo recomendável a expedição da respectiva carta antes de findos todos possíveis incidentes desta fase processual.

Diante da relevância da matéria, de examinar-se também, e ainda que singelamente, a regra contida no art. 620 do CPC,[34] pelo qual a execução deverá ser efetivada da forma menos gravosa ao executado, valendo dizer que referida norma enseja um sistema de proteção ao devedor contra os excessos que possam ser cometidos, objetivando que a execução se realize com o menor sacrifício possível ao patrimônio do executado, desde que se trate de obrigação alternativa.

Em face da prevalência do princípio da disponibilidade há de ser ressaltado que a desistência da execução não demandará a concordância do devedor, exceto se já tiverem sido apresentados embargos pelo executado.

Finalmente, cumpre enfatizar a possibilidade de admissibilidade de **exceção de pré-executividade** no processo trabalhista, oponível até mesmo antes da liquidação de sentença, quando se buscar o acertamento do título executório imperfeito, a fim de conferir-lhe liquidez e certeza.

Dessa forma, a exceção de pré-executividade poderá mesmo equivaler ao saneamento do título executório, devendo ser admitida apenas em casos excepcionais, ou seja, referido instrumento não poderá ser utilizado rotineiramente como meio de sobrestar o normal andamento da execução.

Por esse motivo, exige-se a comprovação de plano, com documentos, das razões invocadas na mesma exceção para seu pronto acolhimento; caso contrário, as razões nela expendidas poderão ser reiteradas por ocasião da interposição dos embargos.

Se a execução for promovida por carta precatória, a apresentação dos embargos poderá ser realizada junto ao Juízo deprecado, porém, a apreciação dos mesmos ficará a cargo do Juízo deprecante, salvo se os embargos versarem sobre vícios eventualmente ocorridos com a constrição dos bens, sua avaliação ou alienação, hipóte-

---

[34] *Art. 620. Quando por vários meios o credor puder promover a execução, o juiz mandará que se faça pelo modo menos gravoso para o devedor.*

se em que serão decididos pelo Juízo deprecado, segundo a regra inserta no art. 20 da Lei nº 6.830/1980.

Outro aspecto que merece ser destacado e que tem sido muito discutido, diz respeito ao recente procedimento adotado, mais corretamente denominado "bloqueio on line", através do qual, o Juízo da execução determina a indisponibilidade de certa quantia em dinheiro de contas correntes que o devedor possuir nos diversos estabelecimentos financeiros existentes.

Lembra-se, inicialmente, que a utilização da informática nas relações processuais constitui meio ágil e adequado à necessária promoção da efetividade do processo, especialmente quando se tratar da execução trabalhista.

Acrescente-se, ainda, que na ordem preferencial dos bens sujeitos à constrição inserida no art. 655 do CPC, com a nova redação dada pela Lei nº 11.382/2006, encontra-se o dinheiro.

Feitas tais considerações e visando propiciar mais celeridade à execução, foi firmado convênio entre o Banco Central do Brasil, o Tribunal Superior do Trabalho e os Tribunais Regionais do Trabalho para implementação da prática que se tornou conhecida como "penhora on line", materializada através do Provimento nº 1/2003 da CGJT.

Esclareça-se, por oportuno, que o procedimento anteriormente adotado, consistente na expedição de ofício ao Banco Central do Brasil para informação quanto à existência de contas bancárias em favor do executado, na atualidade é realizado de maneira virtual, acarretando, dessa maneira, mais celeridade à execução trabalhista.

Uma vez positivada a diligência, qual seja, a verificação, imediatamente realiza-se o **bloqueio** do valor relativo à execução, procedimento, este que não se confunde com a **penhora**, na medida em que o **bloqueio** constitui apenas a materialização do ato judicial que determina a vinculação do valor executado ao Juízo, visto que a **penhora** jamais poderia ser realizada por instituição bancária, eis que não investida de jurisdição, mas, apenas, pelo Juízo da execução.

Logo a seguir, deverá o executado ser cientificado da constrição para, se assim o entender, apresentar sua defesa por meio de embargos.

Finalmente, não se desconhece que alguns excessos têm sido praticados, ensejado a impetração de Mandados de Segurança, como é o caso da determinação e ofício de **bloqueio on line**, independentemente de requerimento do exeqüente nesse sentido; **desconstituição de penhora** realizada em bem móvel ou imóvel a partir da vigência do Provimento nº 1/2003 da CGJT, com imediata expedição de ordem de **bloqueio on line** sem qualquer requerimento do interessado, dentre outras situações que merecem atenção especial; o **bloqueio múltiplo de contas**, situação parcialmente solucionada através do Provimento nº 3/2003 da CGJT, que possibilitou às empresas de grande porte a indicação de conta principal apta a sofrer os bloqueios judiciais, desde que mantidos fundos suficientes para tanto, ou, eventualmente, sujeitando-se ao bloqueio múltiplo no caso de insuficiência de valores.[35]

Verifica-se, portanto, que todos os esforços têm sido empreendidos no sentido único e exclusivo de tornar a execução, especialmente a que se desenvolve no processo do trabalho, a mais célere e singela possível, com a finalidade de alcançar-se a efetividade do processo de execução.

Na conformidade do disposto no art. 655-A, introduzido pela Lei nº 11.382/2006, foi positivada a sistemática do bloqueio *on line,* através do qual o juiz, a requerimento do exeqüente, requisitará à autoridade do sistema bancário, informações por meio eletrônico quanto à existência de ativos em nome do executado, a permitir a indisponibilidade do valor indicado na execução.

[35] Frediani, Yone. "Do bloqueio on line". In *Revista dos Instituto dos Advogados de São Paulo*, p. 153-156.

III

A IMPORTÂNCIA DO PRINCÍPIO DO CONTRADITÓRIO NA EXECUÇÃO

Após a verificação dos aspectos gerais da execução no processo do trabalho e singelamente no processo civil, de relevância o estudo das peculiaridades do princípio do contraditório na execução.

Importante ressaltar-se, primeiramente, que o princípio do contraditório no processo de execução reveste-se de nuances especiais, porque nesta fase processual já se encontra superada a fase de conhecimento e, portanto, a discussão sobre o direito de cada um dos litigantes.

Por conseguinte, parte-se do pressuposto de que no processo de execução o direito invocado já se encontra reconhecido no título, seja ele judicial ou extrajudicial.

De forma geral, a grande maioria dos doutrinadores são unânimes ao afirmar que no processo de execução não é permitido, antes de tudo, a presença do princípio do contraditório.

Segundo Gabriel Rezende Filho, "a execução será sempre uma fase complementar, não podendo existir sem a cognição anterior derivada do processo de conhecimento e estampada pela sentença condenatória".[36]

No entanto, com o advento do CPC de 1973, referido posicionamento foi afastado, visto que a execução era tida como processo autônomo e, como tal, sujeita à observância de todos os princípios básicos processuais, dentre eles, o contraditório. Entendimento que permaneceu íntegro até a edição da Lei nº 11.232/2005 que diversificou o procedimento em relação aos títulos judiciais e extrajudiciais.

---

[36] Rezende Filho, Gabriel. *Curso de Processo Civil*, v. 3, p. 183.

Nélson Nery assevera que

> modernamente, a quase totalidade das Constituições produzidas erigiram o princípio do contraditório à condição de garantia fundamental, objetivando, assim, buscar a igualdade entre as partes e a paridade de forças dentro do processo, uma vez que todas as garantias da defesa e da igualdade encontram-se embutidas no conceito do contraditório.[37]

De igual forma, Moacyr Amaral Santos pronuncia-se aduzindo que

> o princípio do contraditório, por ser de índole constitucional, não admite exceção. Mesmo naqueles raros casos em que a lei processual permite pronunciação do juiz *inaudita altera parte*, como ocorre, por exemplo, nos casos de urgência, em processos cautelares aquele em face de quem ou contra quem se dirige a pretensão terá, em seguimento, oportunidade de manifestar-se e defender-se.[38]

Assim, pode-se afirmar que o contraditório é amplamente aplicável e exercido em qualquer tipo de processo, a saber, conhecimento, cautelar e de execução.

Importante ressaltar que, dependendo do tipo do procedimento enfocado, o exercício do contraditório poderá dar-se de maneira diversa, tendo-se em consideração a modalidade do direito e da natureza do interesse a ser tutelado.

Assevera João Lace Kuhn que "a execução é, sem dúvida, a expressão maior da jurisdição, pois sem ela o bem da vida buscado no processo judicial, se não cumprida a decisão espontaneamente, ficará sem ser realizado".[39]

A denominada doutrina clássica se opõe ao exercício do princípio do contraditório na execução por entender que, sendo esta

---

[37] Nery Júnior, Nélson. *Princípios do Processo Civil na Constituição Federal*, p. 122.

[38] Santos, Moacyr Amaral. *Primeiras linhas de Direito Processual Civil*, v. 2, p. 77.

[39] Kuhn, João Lace. *O princípio do contraditório no Processo de Execução*, p. 25.

parte do processo de conhecimento, evidencia-se a impossibilidade de nesta fase voltar-se a discutir fatos já superados na cognição.

Nesse sentido, Celso Neves assevera que

> da essência do "processo de conhecimento" é, só, a declaração. Essencial ao processo executório é, apenas a satisfação. Com isso extremam-se os lindes próprios de um e de outro e demonstra-se que, segundo a natureza da tutela pretendida, as ações, ou são de conhecimento, ou são de execução, *como conseqüência de não haver jurisdição nesta última*.[40]

Com efeito, considerando que o objetivo da execução é a satisfação do crédito, claro está que o exercício do contraditório nessa fase processual há de ser restrito, permitindo-se ao executado a oposição de sua defesa dentro das hipóteses legalmente previstas, observada a necessária razoabilidade, sob pena de configuração do ato praticado como atentatório à dignidade da Justiça, na conformidade da regra inserta no art. 600 do diploma processual.[41]

No entanto, imperioso lembrar-se que, ainda de forma reduzida e com algumas dificuldades próprias do processo de execução, o respeito ao princípio do contraditório se traduz como necessário ao processo de execução como garantia de um processo justo.

Em sentido oposto e liderando novo pensamento a propósito da matéria, Liebman conclui que "a execução é processo plenamente autônomo e independente, que começa pela citação para a execução e finaliza, normalmente, com a satisfação do credor".[42]

Portanto, para os seguidores deste posicionamento, a execução será sempre processo independente e autônomo, possuindo regras próprias e especiais para atingir seu fim último que é o integral cumprimento da decisão proferida no processo de conhecimento.

---

[40] Neves, Celso. "Classificação das Ações." In *Justitia*, ano XXXVII, v. 88, p. 40.

[41] *Art. 600. Considera-se atentatório à dignidade da justiça o ato do executado que: I – frauda a execução; II – se opõe maliciosamente à execução, empregando ardis e meios artificiosos; III – resiste injustificadamente às ordens judiciais; IV – intimado, não indica ao juiz, em 5 dias, quais são e onde se encontram os bens sujeitos à penhora e seus respectivos valores.*

[42] Liebman, Enrico Túlio. *Processo de execução*, p. 36.

Por outro lado, há de ser enfatizado que a exigência do contraditório remonta ao Direito romano, visto que desde então se exigia a presença da parte contrária para a formação do processo, pois havia necessidade de que a pretensão postulada por uma das partes fosse contrariada por aquele contra o qual se exigia o cumprimento de uma obrigação.[43]

Entretanto, não pairam quaisquer dúvidas quanto ao fato de que não se poderá impor ao executado sacrifícios maiores do que aqueles que deva suportar estritamente em face do ordenamento legal, não se permitindo também que o credor veja satisfeita obrigação além daquela que o seu direito lhe permite.

Dessa forma, há de se concluir que cada uma das partes é levada a participar do processo realizando atos que assegurem a satisfação de seu direito, pelos quais o respeito ao princípio do contraditório constitui garantia de realização da justiça.

Segundo Liebman, "na execução não há equilíbrio entre as partes, não há contraditório; uma delas foi condenada e sobre este ponto não pode mais, em regra, haver discussão; a outra, tendo conseguido o reconhecimento de seu direito exige que se proceda de acordo com a sentença que o declarou e o condenado não pode impedir e deve suportar o que se faz em seu prejuízo, sendo ouvido só na medida em que sua colaboração possa ser útil e podendo pretender unicamente que os dispositivos da lei não sejam ultrapassados no cumprimento dessa atividade".[44]

De tais considerações decorre que, enquanto no conhecimento a investigação e, portanto, o contraditório é amplo, investigatório e interpretativo, a execução não aceita tal incidência do contraditório, porque o devedor se encontra em posição de submissão ao credor, devendo, apenas, cumprir o que lhe foi determinado pela decisão.

Necessário esclarecer que somente por meio dos embargos é que se poderá abrir nova fase de conhecimento, de caráter incidental, para instrução da controvérsia e nessa hipótese haverá de ser ob-

---

[43] Frediani, Yone. *Exceção de pré-executividade no processo do trabalho*, p. 60.

[44] *Ibid.*, 44.

servado o contraditório em sua plenitude, de acordo com as peculiaridades próprias da execução.

Nesse sentido a afirmação de Athos Gusmão Carneiro, para o qual "o processo de execução pressupõe uma lide incontroversa, uma pretensão não resistida. Não há contraditório no processo de execução: somente poderá seguir uma ação incidental de embargos, cuja iniciativa é do executado que nela assume a qualidade de autor".[45]

De igual forma, Celso Ribeiro da Silva assevera que

> de tudo o que ficou dito, parece-nos que, no processo de execução de sentença, não resta senão ao executado, denominado vencido por lei, suportar passivamente os atos do poder público tendentes a retirar de seu patrimônio o necessário para repor às partes a situação anterior à violação da norma jurídica. No processo de execução ao executado não é dada nenhuma oportunidade para alegação ou prova de seu direito. E se a execução já não se justifica perante ao direito, em virtude da nulidade do título executório ou de circunstâncias que surgiram após a condenação, modificando os fatos nelas conhecidos, e lhe oferece apenas, a semelhança do que acontece no Direito germânico, o caminho da ação própria, destinada, num processo autônomo, diverso do executório, atingir a liquidez e certeza do título e, desta forma, impedir a *executio parata*. O princípio do contraditório, portanto, não tem nenhuma aplicação no processo de execução de sentença (executório).[46]

Do quanto exposto pode-se concluir que ao executado não cabe a oposição de defesa, em sentido amplo, mas o ataque à execução propriamente dita, com a finalidade de aniquilar a eficácia executiva do título, na medida em que em condições normais, haveria de dar cumprimento do julgado espontaneamente.

> Com efeito, na execução, a resistência do executado não se volta quanto à existência do direito declarado como tal,

---

[45] Carneiro, Athos Gusmão. "Da execução no novo CPC." In *Revista de Processo nº 10*, p. 97.

[46] Silva, Celso Ribeiro da. "O contraditório no processo de execução." *Justitia*, v. 66, ano XXXI, p. 63-79.

> mas contra e unicamente à satisfação do mesmo direito, valendo dizer que na execução o devedor utiliza-se do processo como meio destinado a retardar o cumprimento da obrigação que lhe foi imposta.

Assim, pode-se asseverar que o contraditório no processo de execução não guarda as mesmas características e finalidade daquele exercido na fase de conhecimento, ou seja, como meio de prova para o conhecimento de um direito, e, na execução, como defesa processual, vez que o direito já fora estabelecido na cognição.

> Por conseguinte, na execução o devedor não resiste ao direito, mas à satisfação deste ao credor, posto que os objetivos são diversos; enquanto no conhecimento se busca a produção do direito, na execução evita-se sua realização.

Ademais, não se pode deixar de considerar que quando a execução não preencher os requisitos legais a ensejar a pronta atuação do Poder Judiciário na efetivação da decisão proferida ou na imposição de satisfação de determinada obrigação assumida pelo devedor, não poderá o Estado apreender qualquer parcela do patrimônio do suposto devedor através da constrição de bens.

No que respeita à citação, seja no processo de conhecimento, seja no de execução, no que respeita aos títulos extrajudiciais a falta desta ou sua imperfeição acarreta a nulidade do processo, na conformidade das regras insertas nos arts. 214 e 618, II, do CPC, *in verbis*, respectivamente:

> *Para validade do processo é indispensável a citação inicial do réu.*
>
> *É nula a execução:*
> *II – se o devedor não for regularmente citado.*

Nesse sentido, a citação para o estabelecimento da relação processual é a maior expressão do contraditório, pois inexistente esta, não há de se cogitar da validade ou do prosseguimento do processo.

Uma vez completada a relação processual com a citação válida do devedor, abre-se ao mesmo oportunidade para satisfação da obrigação ou sujeitar-se à penhora e à avaliação de bens segundo o disposto no art. 880 da CLT.

No rito do processo civil, as alterações introduzidas pela Lei nº 11.382/2006, alteraram o prazo anterior de 24 horas para 3 (três) dias, segundo o disposto no art. 652 e seu § 1º.[47]

Penhorados os bens pelo executado, ele poderá requerer a substituição dos mesmos, que, no processo do trabalho, de acordo com o disposto no art. 15 da Lei nº 6.830/1980, poderá ser deferida pelo juiz em qualquer fase do processo, desde que a mesma seja feita por dinheiro ou fiança bancária.

Já, no processo civil, a substituição se fará de acordo com a regra do art. 656 do CPC, com a nova redação que lhe foi dada pela Lei nº 11.382/2006.

Verifica-se, novamente, nessa fase o exercício do contraditório pelas partes, posto que, se aceita a nomeação, o processo do trabalho seguirá seu curso e, rejeitada esta, caberá ao exeqüente a indicação de bens pertencentes ao patrimônio do executado, para posterior decisão pelo magistrado a quem estiver afeta a execução.

Ultrapassada referida fase, abre-se nova oportunidade para manifestação do devedor por meio dos embargos, desde que garantido o Juízo através da constrição de seus bens, diante do disposto no art. 884 da Consolidação.

Nessa fase, inúmeras hipóteses podem surgir quanto à oposição do executado à constrição realizada, como ocorre com a penhora manifestamente gravosa atingindo bem de valor muito superior ao do crédito executado.

No entanto, as hipóteses legais previstas no § 1º do art. 884, da CLT, referem-se somente a decisão ou acordo, quitação ou prescrição da dívida.

---

[47] *O executado será citado para, no prazo de 3 (três) dias, efetuar o pagamento da dívida. § 1º Não efetuando o pagamento, munido da segunda via do mandado, o oficial de justiça procederá de imediato a penhora de bens e sua avaliação, lavrando-se o respectivo auto e de tais atos intimando, na mesma oportunidade, o executado.*

Amílcar de Castro adverte que "não se deve confundir excesso de penhora com excesso de execução. Excesso de penhora é a apreensão de bens de valor muito maior que o do crédito do exeqüente e seus acessórios; só é alegável após a avaliação, mediante requerimento do devedor".[48]

Situação diversa que também ensejará manifestação do devedor ocorrerá quando a penhora recair sobre bem impenhorável, como é o caso do bem de família, dentre as hipóteses existentes, lembrando-se que os arts. 649 e 650 do CPC que tratam da matéria também foram alterados pela Lei nº 11.382/2006.

De ressaltar-se, pois, que a partir da citação e conseqüente constrição patrimonial, abre-se ao devedor a oportunidade de exercício do contraditório através da oposição dos embargos, o mesmo ocorrendo após a avaliação do bem como meio necessário à definição do valor do bem constrito e que servirá de base para a futura alienação do mesmo.

Igualmente, o contraditório ainda se fará presente na arrematação, na medida em que se exige a publicação de edital da praça, não se permitindo a alienação do bem constrito por preço vil, eis que caberá ao executado a oposição dos embargos denominados de segunda fase.

Assim, mais uma vez, materializa-se a possibilidade que é dada às partes quanto ao exercício do contraditório nas diversas fases da execução, sendo este apenas diferenciado daquele exercido na fase cognitiva, em virtude de seu objetivo também ser diferenciado.

Verifica-se por todo o exposto que o devedor após a citação, tenha ou não procedido ao depósito ou à nomeação de bens, terá oportunidade de apresentar sua defesa através de embargos, os quais, via de regra, só serão apreciados quando garantido o Juízo, mediante constrição judicial. Eis que não se utilizou do depósito ou nomeação de bens no momento processual oportuno, diante do contido nos arts. 883 e 884 da Consolidação.

No entanto, pode-se afirmar que na execução não constituem os embargos única via ou forma de manifestação do contraditório,

---

[48] Castro, Amílcar de. *Comentários ao CPC*, p. 286.

posto que através da exceção de pré-executividade se permite ao devedor insurgir-se contra o processo executivo, instalando-se o contraditório por meio da oposição da referida exceção.

Thereza Nahas, ao examinar a sistemática dos títulos extrajudiciais, assevera que "a matéria dos embargos será mais ampla do que aquela prevista para os títulos judiciais. O devedor não teve oportunidade de manifestar-se anteriormente à medida de constrição, e, por isso, o legislador entendeu por permitir que pudesse alegar qualquer matéria que o faria no processo de conhecimento. Desta forma, o art. 884 da Consolidação das Leis do Trabalho ganha novos contornos em face da combinação que deve sofrer com o art. 745 do Código de Processo Civil".[49]

[49] Nahas, Thereza C. *Processo de conhecimento e de execução*, p. 167.

IV

A EXECUÇÃO DOS TÍTULOS EXTRAJUDICIAIS EM ESPÉCIE NO PROCESSO DO TRABALHO

Segundo o exposto anteriormente, a partir da vigência da Lei nº 9.958/2000, que alterou a antiga redação do art. 876 e acrescentou o art. 877-A à CLT, a execução trabalhista adquiriu nova dimensão ao passar a executar, além de suas próprias decisões e os acordos não cumpridos, os termos de acordo firmados perante o Ministério Público e as Comissões de Conciliação Prévia, na conformidade da seguinte redação, *in verbis*:

> *Art. 876. As decisões passadas em julgado ou das quais não tenha havido recurso com efeito suspensivo; os acordos, quando não cumpridos; os termos de ajuste de conduta firmados perante o Ministério Público do Trabalho e os termos de conciliação firmados perante as Comissões de Conciliação Prévia, que serão executados pela forma estabelecida neste Capítulo.*

Assim, os novos títulos incluídos no âmbito de competência da Justiça Especializada, denominados títulos extrajudiciais, que antes mesmo de sua inserção na esfera trabalhista já eram dotados de força executiva segundo o disposto na Lei Complementar nº 75/1993 e na Lei nº 7.347/1985,[50] implicaram a fixação da competência do magistrado que seria idôneo para o conhecimento da matéria, na conformidade da análise realizada no capítulo anterior.

[50] Saad, José Eduardo. *CLT Comentada*, p. 769.

Cumpre, portanto, analisar especificamente cada um dos títulos executivos extrajudiciais inseridos no processo do trabalho, quais sejam:

a) **os termos de ajuste de conduta firmados perante o Ministério Público do Trabalho**, disciplinados pelo art. 5º, § 6º, da Lei nº 7.347/1985[51] e regularmente utilizados nos procedimentos investigatórios, na medida em que incumbe ao Ministério Público a defesa dos interesses gerais da sociedade e o respeito às liberdades individuais, diante da possibilidade de sua atuação nas esferas administrativa ou extrajudicial e judicial.

O elenco dos procedimentos e atuações do Ministério Público do Trabalho encontra-se disciplinado pela Constituição Federal, Lei nº 7.347/1985, Lei nº 8.078/1990 e Lei Orgânica do Ministério Público da União – nº 75/1993.

Constituem, assim, modalidades de atuação do Ministério Público do Trabalho os procedimentos investigatórios, os inquéritos civis públicos, as ações civis públicas e as anulatórias de cláusulas convencionais, dentre outras de igual relevância.

Dessa forma, dúvidas não pairam quanto à possibilidade de atuação do Ministério Público na condição de parte ou como fiscal da lei, respectivamente, quando da propositura de ação civil pública ou anulatória de cláusula convencional ou, ainda, quando funcionar nas sessões dos Tribunais manifestando-se oralmente ou por escrito, sobre a matéria em debate em dissídios de natureza individual ou coletiva, nos processos que versarem sobre interesses do Poder Público ou tratarem de matéria de ordem pública.

A autorização para propositura do inquérito civil público encontra-se prevista no art. 84 da LC nº 75/1993,[52] que também enfoca outras atividades do Ministério Público dentro da esfera adminis-

---

[51] *Art. 5º, § 6º. Os órgãos públicos legitimados poderão tomar dos interessados compromisso de ajustamento de sua conduta às exigências legais, mediante cominações, que terá eficácia de título executivo extrajudicial.*

[52] *Art. 84. Incumbe ao Ministério Público do Trabalho, no âmbito de suas atribuições, exercer as funções institucionais previstas nos Capítulos I, II, III e IV do Título I, especialmente:*

trativa, destacando-se, especialmente, as regras insertas nos incisos II, III e V [53] do mesmo diploma legal, que tratam, respectivamente, da instauração de inquérito civil e outros procedimentos administrativos, da requisição relativa à instauração de procedimentos administrativos e do exercício de outras atribuições que lhe forem conferidas por lei.

Portanto, o inquérito civil público poderá ser iniciado mediante denúncia formulada perante o Ministério Público do Trabalho ou, ainda, por iniciativa de qualquer de seus membros. No primeiro caso, o procurador-chefe Regional, baixará portaria instaurando o procedimento e, no segundo, o membro do *parquet* é que solicitará autorização ao mesmo procurador para instauração do inquérito.

Em qualquer caso, o inquérito poderá ser precedido de procedimento investigatório, considerado o embrião do próprio inquérito.

Deve ressaltar-se que tais procedimentos (administrativo e judicial) na esfera trabalhista, encontram-se afetos às Coordenadorias de Defesa dos Interesses Difusos e Coletivos (Codin's).

No curso do inquérito poderá ocorrer a possibilidade de regularização da ilegalidade por via administrativa, ou seja, sem que haja necessidade de propositura da ação civil pública. Nesta hipótese, as partes firmarão **termo de ajustamento de conduta** que, se descumprido, ensejará a imediata execução do pactuado perante a Justiça do Trabalho.

Por conseguinte, verifica-se que o inquérito tem por finalidade fazer cessar a atitude abusiva ou lesiva de direitos, sendo certo que, diante da discussão sobre direito indisponível, o termo de ajustamento de conduta só poderá referir-se à correção do ato.

Podem ser citados como exemplos de celebração de termos de compromisso ou termo de ajustamento de conduta firmados pelo

---

[53] *II – instaurar inquérito civil e outros procedimentos administrativos, sempre que cabíveis, para assegurar a observância dos direitos sociais dos trabalhadores;*
III – requisitar à autoridade administrativa federal competente, dos órgãos de proteção ao trabalho, a instauração de procedimentos administrativos, podendo acompanhá-los e produzir provas;
V – exercer outras atribuições que lhe forem conferidas por lei, desde que compatíveis com sua finalidade.

Ministério Público do Trabalho: a correta contratação de estagiários; anotações de CTPS; fiscalização das medidas de proteção e prevenção dos riscos ligados à atividade profissional pela Cipa; observância das normas relativas ao trabalho do menor e do portador de deficiência física, dentre outros.

Portanto, constatada a irregularidade ou a lesão de direito e instaurado o inquérito, o infrator é convidado a comparecer perante o Ministério Público do Trabalho, para celebração de **termo de ajustamento de conduta** com a finalidade de adequação de sua conduta à norma legal aplicável, constituindo o mesmo **título executivo extrajudicial** a ensejar imediata execução caso seja descumprido.

Dessa forma, o termo sob estudo tem por escopo o cumprimento do compromisso assumido pelo infrator em responder por obrigação de dar, fazer ou não-fazer alguma coisa, sob pena de ser-lhe cominada multa que será objeto de fixação pelos próprios signatários do instrumento.[54]

De ser ressaltado que a competência para execução do termo de ajustamento de conduta inadimplido será da Vara do Trabalho com jurisdição no local onde tenha ocorrido a lesão ou o dano.

A propósito da mesma questão, antes mesmo da promulgação da Lei nº 9.958/2000, que introduziu a execução dos títulos extrajudiciais no âmbito da Justiça do Trabalho, já havia concluído o C.TST pela possibilidade de execução do quanto acordado em Termo de Ajuste de Conduta com fulcro no art. 5º, § 6º, da Lei nº 7.347/1985 e 113 do CDC.[55]

---

[54] Silva, Luciana A.M.G. da. *Termo de Ajuste de Conduta*, p. 39.

[55] Execução – Título executivo extrajudicial – Ministério Público do Trabalho – Ajuste de Conduta. O termo de ajuste de conduta ou de compromisso celebrado perante órgão do Ministério Público do Trabalho constitui título executivo extrajudicial passível de execução direta perante a Justiça do Trabalho. Incidência do art. 5º, § 6º da Lei nº 7.347/1985 (Lei da Ação Civil Pública), com a redação conferida pelo art. 113 do Código de Defesa do Consumidor. Solução em sintonia, ademais, com os princípios da economia e celeridade processuais, tão caros ao processo trabalhista. Provimento ao recurso de revista para determinar o retorno dos autos à MM. JCJ, a fim de que empreste eficácia de título executivo ao termo de ajuste de conduta.TST-RR 521.584/1998, Ac. 1ª Turma, 16/06/1999, Rel. Min. João Oreste Dalazen.

b) o termo de conciliação firmado perante as Comissões de Conciliação Prévia, disciplinado pela Lei nº 9.958/2000, cujas peculiaridades serão a seguir examinadas.

Segundo José Augusto Rodrigues Pinto,

> no ordenamento pátrio duas são as hipóteses que buscam dar maior celeridade e segurança na solução de litígios: a **transação extrajudicial** no terreno do Direito Material e a **arbitragem** através de organismo oficial ou não. Acrescenta, ainda, que nos países em que a adoção da industrialização foi imediata, a escolha para solução de controvérsias pendeu para organismos de natureza privada como é o caso das comissões de fábrica, enquanto que nos países tardiamente incorporados à nova sistemática a preferência pendeu para o caminho da arbitragem oficial.[56]

O mesmo autor adota nomenclatura diversa da empregada pela Lei nº 9.958/2000, por entender que as comissões têm a finalidade de prevenir litígios e, por conseguinte, deveriam denominar-se Comissões de Conciliação Preventiva.

Na atualidade não se pode olvidar que a negociação, na ordem coletiva ou individual, constitui instrumento básico de que se utiliza a Justiça do Trabalho em face das regras insertas no art. 8º, VI,[57] 114, §§ 1º e 2º da CF [58] e 625-A da CLT,[59] todas elas prestigiando o incremento da negociação fora do Poder Judiciário.

---

[56] Pinto, José Augusto Rodrigues. *Manual de Conciliação Preventiva e do Procedimento Sumaríssimo Trabalhista*, p. 41-44.

[57] *Art. 8º – VI. É obrigatória a participação dos sindicatos nas negociações coletivas de trabalho.*

[58] *Art. 114 – §1º. Frustrada a negociação coletiva, as partes poderão eleger árbitros.*
Art. 114 – § 2º. Recusando-se qualquer das partes à negociação coletiva ou à arbitragem, é facultado às mesmas, de comum acordo, ajuizar dissídio coletivo de natureza econômica, podendo a Justiça do Trabalho decidir o conflito, respeitadas as disposições mínimas legais de proteção ao trabalho, bem como as convencionadas anteriormente.

[59] *Art. 625-A. As empresas e os sindicatos podem instituir Comissões de Conciliação Prévia, de composição paritária, com representantes dos empregados e dos empregadores, com a atribuição de tentar conciliar os conflitos individuais do trabalho.*

Pela redação dada ao art. 625-A da Consolidação, verifica-se que as Comissões de Conciliação Prévia surgiram com a finalidade de prevenir conflitos nas relações individuais de trabalho mediante negociação extrajudicial, sem que tal fato implique a exclusão da função homologatória objeto da regra específica inserta no § 1º, do art. 477,[60] do mesmo diploma legal.

Georgenor de Sousa Franco Filho, analisando a Lei nº 9.958/2000, aponta a existência de quatro tipos de comissões:

> **comissão de empresa** – criada em qualquer empresa, fruto de entendimento com o sindicato de trabalhadores correspondente; **comissão sindical** – criada no âmbito sindical de uma dada categoria, devendo participar representantes patronais e se instituída por sindicato patronal, com a participação da entidade profissional respectiva; **comissão de grupo de empresa** – criada por mais de uma empresa, com participação de sindicatos de trabalhadores correspondentes; **comissão intersindical** – criada por mais de um sindicato, independentemente da categoria, podendo ser patronal ou profissional com a participação de sindicatos de ambas as espécies, mantendo a paridade.[61]

Em qualquer das hipóteses anteriores, os representantes dos empregados serão eleitos para cumprimento de mandato de 1 (um) ano, permitida uma recondução e gozarão de garantia de emprego até 1 (um) ano após o final do mandato, salvo se cometerem falta grave, segundo o comando contido no § 1º, do art. 625-B, da CLT.[62]

---

[60] *Art. 44 – § 1º. O pedido de demissão ou recibo de quitação da rescisão do contrato de trabalho, firmado por empregado com mais de 1 (um) ano de serviço, só será válido quando feito com a assistência do respectivo Sindicato ou perante a autoridade do Ministério do Trabalho.*

[61] Franco Filho, Georgenor de Sousa. "A Lei das Comissões de Conciliação Prévia." In *Revista LTR*, ano 64, fev. 2000, p.175.

[62] *Art. 625 – § 1º. É vedada a dispensa dos representantes dos empregados membros da Comissão de Conciliação Prévia, titulares e suplentes, até 1 (um) ano após o final do mandato, salvo se cometerem falta grave, nos termos da lei.*

Deve ressaltar-se que os representantes do empregador não são portadores da garantia de emprego provisória, vale dizer, poderão ser demitidos imotivadamente a qualquer momento.

Manifestando-se a propósito da questão, asseverou Rodolfo Pamplona Filho que tal fato "demonstra a intenção deliberada do legislador em não garantir o emprego do representante patronal, por entender que tal proteção não lhe seria necessária, dado o grau de fidúcia da sua relação com o empregador".[63]

Entretanto, nada obsta que por acordo ou convenção coletiva estabeleçam as partes eventual garantia de emprego quando se tratar de instituição de comissão sindical, interempresarial ou intersindical.

Além disso, todos os representantes exercerão normalmente suas atividades junto à empresa, afastando-se de suas respectivas funções apenas quando convocados para atuar como conciliadores.

Feitas tais considerações de caráter meramente introdutório, é preciso enfatizar que o objetivo primordial das comissões reside na obtenção de conciliação extrajudicial entre empregado e empregador, solucionando controvérsia oriunda da relação de emprego havida.

Portanto, a atuação das Comissões visa à autocomposição entre as partes, pondo fim ao conflito de interesses antes que possa evoluir na propositura da reclamação trabalhista.

Importante realçar que essa via de solução extrajudicial de conflitos foi adotada há muito tempo no Direito estrangeiro como alternativa para solução rápida, simples e pouco dispendiosa dos mesmos fora da esfera judicial.

Dessa forma, pode-se afirmar que o fim almejado pelas Comissões é a transação extrajudicial entre as partes como meio de prestigiar a autocomposição, evitando, por conseqüência, a necessidade de provocação da jurisdição através da solução heterocompositiva, mas jamais como substituto desta.

---

[63] Pamplona Filho, Rodolfo. *Manual de Conciliação Preventiva e do Procedimento Sumaríssimo Trabalhista*, p. 83.

Inobstante a finalidade da criação das CCP, não se desconhece a ocorrência de abusos e desvirtuação de sua essência em face das notícias veiculadas na imprensa falada e escrita que motivaram a edição da Portaria nº 329/2002 do Ministro do Trabalho e Emprego enfatizando os seguintes aspectos:

a) a existência das CCP como fator de prevenção e solução extrajudicial de conflitos;
b) a existência de conflito trabalhista, não sendo admitida a utilização das CCP como órgão de assistência e homologação de rescisões contratuais;
c) a gratuidade do trabalhador na participação das tentativas de conciliação;
d) os direitos ou parcelas objeto de conciliação devem ser controversos, excluídos de seu âmbito os títulos rescisórios;
e) a tentativa de conciliação é obrigatória, sendo facultativa a celebração de acordo;
f) o acordo eventualmente celebrado possui eficácia liberatória geral, salvo quanto aos títulos ou direitos expressamente ressalvados;
g) o termo de acordo constitui título executivo extrajudicial, sujeito à execução na Justiça do Trabalho em caso de inadimplemento.

Oportuno reiterar que a transação constitui negócio jurídico destinado a prevenir litígio, através de concessões recíprocas.

No que pertine aos efeitos da composição havida por meio das Comissões, tem-se que esta poderá, eventualmente, comportar ressalvas que serão discutidas em dissídio individual, a ser oportunamente ajuizado.

Entretanto, é preciso lembrar que o procedimento objetivado pelas Comissões não se confunde com a homologação da rescisão contratual perante o sindicato da categoria ou Delegacia Regional do Trabalho, na medida em que o fim a ser alcançado pelas Comissões é a composição do litígio porventura existente entre as partes, podendo ocorrer no curso ou após o término da relação de emprego, enquanto que a atuação da entidade sindical ou da DRT prende-se exclusivamente ao término do contrato havido, revestindo-se de atividade meramente administrativa decorrente das regras insertas no art. 477 e respectivo § 1º da CLT.

Dessa forma, rescindido o pacto laboral, se inexistir qualquer controvérsia entre as partes, o procedimento adequado será a homologação da rescisão contratual perante o sindicato da categoria ou DRT.

Em ocorrendo pendências totais ou parciais oriundas da relação de emprego, o procedimento será a busca das Comissões para solução da controvérsia após a devida homologação da rescisão contratual, visto inexistir na situação sob análise qualquer negociação entre empregado e empregador, mas, tão-somente, o pagamento pela empresa das verbas devidas ao empregado em decorrência da rescisão do pacto laboral.

De salientar-se, todavia, que esse procedimento não tem sido adotado de maneira uniforme, posto ter ocorrido na prática a utilização das Comissões, inclusive para pagamento das verbas rescisórias, o que se afigura absolutamente inadequado em face da diversidade dos institutos utilizados; de um lado, a transação extrajudicial e, de outro, a rescisão contratual seguida de homologação junto à DRT ou no sindicato de classe, por força de imperativo legal.

Considerando que as Comissões têm por finalidade a obtenção da autocomposição entre as partes, não se há cogitar de apresentação de defesa, nem tampouco de instrução da controvérsia, visto que tais comissões de atuação preventiva não detêm qualquer poder decisório.

Quanto à obrigatoriedade de acesso às Comissões como requisito para propositura da reclamação trabalhista, não se vislumbra qualquer ofensa ou restrição ao Direito Constitucional de provocação do Judiciário, posto caber ao legislador ordinário disciplinar as condições pelas quais o direito ou garantia fundamental será exercido, lembrando-se que na esfera dos dissídios coletivos essa prática já foi adotada há muito tempo.

Exemplo da afirmação supra, a regulamentação do exercício do direito de greve pela Lei nº 7.783/1989, a exigir a tentativa de negociação antes de ser deflagrada a parede.

Portanto, a exigência legal prende-se ao fato de serem esgotadas as vias administrativas existentes para posterior provocação do Judiciário, garantia essa que continuará existindo sem qualquer limitação, dependendo das circunstâncias em que for celebrado o termo de quitação perante as Comissões de Conciliação Prévia.

Raimundo Simão de Melo, apreciando a questão assevera pela "obrigatoriedade da conciliação prévia como pressuposto para ajuizamento de reclamação trabalhista".[64]

Inobstante tais considerações, alguns Tribunais Regionais trabalhistas, através de procedimento de uniformização de jurisprudência, editaram Enunciados no sentido de que a ausência de conciliação prévia não obsta o pleno exercício do direito de ação.

No entanto, se as partes transacionam direitos lavrando termo de conciliação sem quaisquer ressalvas, tal fato, em princípio, estaria a inibir sucesso na reclamação porventura ajuizada, em virtude da eficácia liberatória geral de que trata o art. 625 – E da CLT,[65] exceto se materializada a hipótese de vício na manifestação da vontade e que ensejaria procedimento próprio visando ao desfazimento do ato praticado.

Entretanto, poderá a conciliação ser celebrada com ressalvas, hipótese em que a eficácia liberatória não alcançaria as parcelas expressamente ressalvadas, dando origem à figura da transação parcial e ensejando a propositura da reclamação visando ao pronunciamento judicial, unicamente sobre as questões controvertidas, e prestigiando-se a necessária credibilidade de que há de ser revestido o termo de conciliação.

Quanto ao aspecto prescricional, a regra inserta no art. 625 – G da Consolidação[66] estipulou a suspensão da contagem do prazo,

---

[64] Melo, Raimundo Simão de. *As Comissões de Conciliação Prévia como novo paradigma para o Direito do Trabalho*. Revista do TST, v. 66, ano 3, jul.-set. 2000, p.104.

[65] *Art. 625-E. Aceita a conciliação, será lavrado termo assinado pelo empregado, pelo empregador ou seu preposto e pelos membros da Comissão, fornecendo-se cópia às partes.*

[66] *Art. 625-G. O prazo prescricional será suspenso a partir da provocação da Comissão de Conciliação Prévia, recomeçando a fluir, pelo que lhe resta, a partir da tentativa frustrada de conciliação ou esgotamento do prazo previsto no art. 625-F.*

que fluirá normalmente a partir da data em que o procedimento perante a Comissão tiver sido concluído.

Verifica-se, assim, que tais títulos, quando regularmente celebrados e inadimplidos, passaram a ensejar sua pronta execução perante a Justiça Especializada, diante do caráter que lhes foi atribuído legalmente, qual seja, título executivo extrajudicial.[67]

c) **cobrança das multas aplicadas pela fiscalização trabalhista**, inserida na competência da Justiça do Trabalho por força do disposto no inciso VII, do art. 114, com a redação que lhe foi dada pela Emenda Constitucional nº 45/2004.

O procedimento para cobrança de tais multas encontra-se previsto no Título VII da CLT, que trata do processo de multas administrativas, dispondo, conforme arts. 626 e seguintes, caber às autoridades competentes do Ministério do Trabalho ou as que exerçam funções delegadas, a fiscalização das normas de proteção ao trabalho.

Para a realização de referidas atividades, os inspetores do trabalho promoverão inspeção nas empresas com a finalidade não só de instruí-las acerca de novos dispositivos legais, como também de verificar a ocorrência de qualquer violação legal.

Assim é que constatando a prática de violação legal o inspetor procederá à lavratura do auto de infração circunstanciado, cujos termos serão também objeto de registro no livro de inspeção do trabalho; referido auto será produzido em duas vias, destinando-se uma delas ao infrator que o receberá mediante recibo ou através de registro postal no prazo de 10 (dez) dias.

A partir da ciência da lavratura do auto de infração, o infrator poderá apresentar defesa administrativa nos 10 (dez) dias subseqüentes ao recebimento do auto, podendo, inclusive, se a situação prática ensejar, requerer a produção de audiência para inquirição

---

[67] Execução de título extrajudicial. Incidência de descontos previdenciários. É de competência da Justiça do Trabalho a execução de acordo homologado e não cumprido no Juízo Arbitral (Comissão Intersindical de Conciliação Prévia), inclusive da incidência de descontos previdenciários, por tratar-se de imperativo legal, conforme predispõe o art. 114, em seu § 3º, da CF. TRT/SC/AG-PET 4.289/2001.

de testemunhas, circunstância essa que ficará à exclusiva apreciação da autoridade administrativa quanto à sua oportunidade.

Confirmada a autuação e, portanto, a imposição do pagamento de multa pela violação legal praticada, faculta-se a apresentação de recurso administrativo à autoridade competente, que deverá ser apresentado no prazo de 10 (dez) dias da ciência da decisão.

Constitui pressuposto essencial para prosseguimento do recurso administrativo a realização de depósito relativo à multa imposta, cabendo, ainda, ao infrator a possibilidade de, em renunciando à interposição de recurso, beneficiar-se com um favor legal referente à redução da multa em 50% (cinqüenta por cento), que deverá ser recolhida no prazo de 10 (dez) dias.

Caso o recurso administrativo não seja provido, o depósito recursal realizado pelo infrator converter-se-á em pagamento da penalidade que lhe foi imposta.

Na hipótese de não comparecimento do infrator ou na ausência de depósito da multa que lhe foi imposta, as Delegacias Regionais procederão ao lançamento da inscrição da penalidade em livro próprio como requisito primordial para cobrança judicial, visto que tal procedimento reveste-se de atributo de título de dívida líquida e certa.

Se, porventura, for acolhido o recurso administrativo interposto pelo infrator, a multa em discussão será cancelada, não havendo, pois, se falar em inscrição da mesma para cobrança judicial.

Segundo Amauri Mascaro Nascimento, contra tais medidas de caráter administrativo, poderá o infrator utilizar-se das ações judiciais pertinentes à espécie, quais sejam, o ajuizamento:

a) ação anulatória de multa da DRT;
b) ação declaratória de inexistência de débito fiscal;
c) ação comum para obtenção de certificado negativo de débito fiscal;
d) mandado de segurança contra ato do Delegado Regional do Trabalho.[68]

---

[68] Nascimento, Amauri Mascaro. *Iniciação ao Processo do Trabalho*, p. 394.

Prossegue o mesmo autor aduzindo que duas serão as conseqüências decorrentes da propositura da ação judicial, uma vez realizado o depósito da importância discutida:

a) renúncia do infrator ao direito de recorrer administrativamente e consequente desistência do recurso acaso interposto;
b) suspensão do processo executivo em curso até solução final da ação ajuizada.[69]

Caso a cobrança judicial seja ajuizada, caberá a observância do disposto na Lei nº 6.830/1980, também conhecida por Lei de Execução Fiscal.

Carlos Bezerra Leite, apreciando tal questão, assevera ser de primordial importância a distinção entre execução fiscal e execução *ex officio*; com efeito, enquanto a primeira dependerá necessariamente da implementação da ação executiva que instaurará o processo de execução fiscal, a execução de ofício das contribuições previdenciárias será realizada no próprio processo de execução trabalhista, circunstância que permite, portanto, a execução por impulso oficial.[70]

Assim, a ação especial de execução para cobrança das multas impostas pelos órgãos da fiscalização do trabalho deverá observar o disposto na Lei nº 6.830/1980, que, resumidamente, se revestirá das seguintes fases:

a) a inscrição da dívida ativa será realizada pelo órgão competente para verificação da infração administrativa, e será lançada em importância líquida e certa, abrangendo o principal, a atualização monetária, os juros e a multa de mora;
b) o termo de inscrição da dívida ativa deverá ser circunstanciado, contendo o nome do devedor, o valor originário da dívida, a origem, a natureza e o fundamento legal da dívida, a data e o número da inscrição no registro da dívida ativa e o número do processo administrativo ou do auto de infração;

---

[69] *Ibid.*, p. 394-395.

[70] Leite, Carlos Henrique Bezerra. "A nova competência da Justiça do Trabalho para cobrança das multas aplicadas pelos órgãos da fiscalização do trabalho." In *Revista LTR 69-07*, p. 800.

c) o despacho que admitir a petição inicial, instruída com a certidão da dívida ativa, implica ordem para: citação, penhora, arresto, registro da constrição e avaliação dos bens penhorados;
d) recebida a citação, o devedor terá 5 (cinco) dias para realizar o pagamento da dívida com os acréscimos legais, podendo, no mesmo prazo, garantir a execução através de: depósito em dinheiro, fiança bancária, nomeação de bens;
e) na inobservância das hipóteses acima apontadas pelo devedor, a penhora poderá recair sobre qualquer bem do executado, salvo os considerados legalmente impenhoráveis;
f) materializada a garantia do Juízo, o executado poderá oferecer embargos no prazo de 30 (trinta) dias, contados do depósito, da apresentação da fiança bancária ou da intimação da penhora, visto que em nenhuma hipótese será admitida a apresentação de embargos antes da garantia da execução;
g) recebidos os embargos, a Fazenda Pública será intimada para impugná-los nos 30 (trinta) dias subseqüentes, designando-se, se for o caso, a realização de audiência de instrução e julgamento;
h) decididos os embargos, seguir-se-á a arrematação, adjudicação e a alienação dos bens constritos;
i) a cobrança judicial da dívida ativa não está sujeita a concurso de credores ou a habilitação em falência, inventário ou arrolamento;
j) poderá ocorrer a suspensão do curso da execução enquanto não forem localizados bens do devedor, circunstância essa que implica, inclusive, a suspensão da prescrição;
k) das sentenças proferidas em execuções de valor igual ou inferior a 50 (cinqüenta) OTN, somente serão admitidos embargos infringentes e de declaração perante o mesmo Juízo prolator da decisão.

Examinando a sistemática recursal das execuções fiscais, Carlos Bezerra Leite assevera ser aplicável o rito da CLT, motivo pelo qual seria cabível agravo de petição contra as sentenças que julgarem os embargos opostos na execução fiscal, na conformidade da regra inserta no art. 897 da Consolidação.[71]

Verifica-se, pois, que os termos de ajuste de conduta celebrado perante o Ministério Público do Trabalho e o acordo firmado perante as Comissões de Conciliação Prévia serão executados conforme o rito previsto na CLT, suprindo-se subsidiariamente suas omissões através do diploma processual civil, enquanto que as multas administrativas observarão o disposto na Lei nº 6.830/1980.

---

[71] *Ibid.*, p. 803.

V

CONSEQÜÊNCIAS DA AMPLIAÇÃO DA COMPETÊNCIA E SEUS REFLEXOS NA EXECUÇÃO DOS TÍTULOS EXTRAJUDICIAIS

De acordo com a nova redação dada ao inciso I do art. 114, constata-se que a ampliação da competência da **relação de emprego** para a **relação de trabalho** implicará não mais somente a fixação da relação formal de trabalho e eventual reconhecimento judicial, como, ainda, a apreciação das relações de trabalho atípicas, para abranger além do trabalhador o eventual, o temporário, o autônomo.[72]

Teixeira Filho, manifestando-se a propósito do mesmo tema, assevera que sob a vigência da Lei Maior de 1988, incumbia à Justiça do Trabalho apreciar ações propostas por: empregados, avulsos, temporários, aprendizes, domésticos, rurais, pequenos empreiteiros, destacando-se que estagiários, representantes comerciais, eventuais, cooperados, voluntários e profissionais liberais, costumavam invocar a tutela trabalhista, postulando o reconhecimento da relação de emprego. A partir da Emenda Constitucional nº 45/2004, poderão figurar em um dos pólos da relação processual, trabalhadores autônomos em geral, como contadores, engenheiros, arquitetos, consultores, eletricistas, mecânicos, corretores, jardineiros, costureiras, manicuras, estagiários, dentre outros.[73]

Assim, considerando que a partir da ampliação da competência da Justiça do Trabalho ocorrerá uma multiplicidade de ações

---

[72] Barros, Cássio Mesquita. "A reforma judiciária da Emenda Constitucional nº 45." In *Revista LTR 69-03*, p. 277.

[73] Teixeira Filho, Manoel Antonio. *Breves comentários à reforma do Poder Judiciário*, p. 130-131.

até então sequer apreciadas pela Justiça Civil, mister buscar-se a compatibilização da norma inserta no art. 876 da CLT com os novos títulos a serem produzidos pelas partes e que passarão a ensejar pronunciamento do Judiciário trabalhista.

Examinando a questão relativa à cobrança de outros títulos extrajudiciais antes mesmo da vigência da EC nº 45/2004, conclui Isis de Almeida:

> cheque, letra de câmbio dados ao empregado para pagar salários, férias, décimos terceiros, indenizações etc. devem ser cobrados na Justiça do Trabalho, sujeitando-se o autor, evidentemente, à prova da *causa debendi*, quando, na defesa, pretender-se descaracterizar a razão de ser da obrigação assumida ao se emitir o título ou o cheque.[74]

Paulo Eduardo Oliveira, discorrendo sobre a mesma questão assevera que a nominação dos títulos passíveis de execução perante a Justiça do Trabalho inscrita no art. 876 da CLT é enunciativa e não taxativa.

Prossegue o mesmo autor acrescentando ser

> possível a execução de qualquer outro título executivo extrajudicial na Justiça do Trabalho além do termo de ajuste de conduta firmado perante o Ministério Público do Trabalho e dos termos de conciliação firmados perante as comissões de conciliação prévia, conforme previsão contida no art. 876 da CLT, desde que referido título tenha origem em uma relação de emprego.

Dessa forma, qualquer reconhecimento de dívida formalizado pelo empregador que ao despedir empregado afirma não poder efetuar pagamento de verbas rescisórias e reconhece tal fato por escrito, pode vir a ser objeto de execução na Justiça do Trabalho, valendo o reconhecimento da dívida como título extrajudicial.[75]

Wagner Giglio manifestando-se a propósito da mesma discussão, assevera ser perfeitamente admissível a execução de títulos

---

[74] Almeida, Isis de. *Manual de Direito Processual do Trabalho*, p. 500.

[75] Oliveira, Paulo Eduardo Vieira de. Execução por título extrajudicial no Processo do Trabalho, p. 75-78.

extrajudiciais, comprobatórios de créditos do empregado, aduzindo ter sido referida discussão superada em face da aplicação do procedimento monitório no processo do trabalho, com atribuição de título sentencial ao documento comprobatório de dívida extrajudicial.[76]

No mesmo sentido, Amauri Mascaro Nascimento, em estudo realizado antes mesmo da vigência da Lei nº 9.958/2000, asseverava pela possibilidade de cobrança de títulos extrajudiciais, posto que nos negócios jurídicos de direito comum é atribuída força executória a títulos formados exclusivamente pela vontade dos interessados.[77]

Pedro Manus aduz que

> sendo a execução de título extrajudicial fundada em título estranho ao Poder Judiciário, não se pode atribuir-lhe a autoridade de que se revestem a sentença exeqüenda e o acordo judicial exeqüendo. Isso significa possibilitar ao executado discutir a validade do próprio título. Não quer isso dizer, porém, que vá se admitir natureza diversa à execução de sentença de título executivo extrajudicial, mas apenas admitir que em embargos se discuta e prove ser inidôneo aquele título.[78]

Prossegue o mesmo autor complementando seu entendimento para asseverar que "não se deve a nosso ver criar uma nova sistemática de execução, pretendendo dotar o executado de outros meios de defesa, além daqueles que a lei já reconhece, pois se assim for, a nova sistemática do art. 876 da CLT significará sério retrocesso à execução trabalhista".[79]

Alexandre Belmonte e Nélson Braga afirmam que

> o silêncio da lei trabalhista quanto a outras hipóteses apenas reafirma, em virtude da supletividade estabelecida no art. 769,[80] da CLT, a possibilidade de integração das normas

[76] Giglio, Wager. *Direito Processual do Trabalho*, p. 491.

[77] Nascimento, Amauri Mascaro. *Curso de Direito Processual do Trabalho*, p. 515-517.

[78] Manus, Pedro Paulo Teixeira. *Execução de sentença no Processo do Trabalho*, p. 21.

[79] *Ibid*., p. 21-22.

[80] *Art. 769. Nos casos omissos, o direito processual comum será fonte subsidiária do Direito Processual do Trabalho, exceto naquilo em que for incompatível com as normas deste Título.*

> de processo comum às necessidades do processo trabalhista, a justificar, em nome da celeridade e da competência, a possibilidade de execução extrajudicial de cheques e notas promissórias que consagrarem dívidas trabalhistas assumidas e não honradas pelo empregador perante o empregado.[81]

Eurípedes Brito Cunha, analisando o mesmo tema concluiu que

> além dos documentos explicitamente elencados no inciso II, do art. 585,[82] do CPC, nomeadamente, outros existem que hão de atender aos mesmos requisitos para poder alicerçar o pedido de desencadeamento de um processo de execução por título extrajudicial perante a JT, como a nota promissória ou cheque dados em pagamento de direitos trabalhistas.[83]

Ensina Bezerra Leite que as ações executivas não necessitam do processo de conhecimento, visto que o credor de título extrajudicial poderá satisfazer-se com a implementação do processo de execução.[84]

Aduz o mesmo autor que ainda carecem de força executiva no âmbito da Justiça do Trabalho os demais títulos extrajudiciais previstos no CPC, podendo, no entanto, ensejar a propositura de ação monitória, desde que o mesmo título tenha sido originado de uma relação empregatícia.

Assim, conclui o autor, o trabalhador portador de um cheque sem provisão de fundos emitido para pagamento de salários, poderá ajuizar na Justiça do Trabalho:

a) ação trabalhista postulando o pagamento dos salários;
b) ação monitória ajuizada perante a Justiça do Trabalho, postulando o recebimento do valor consignado na cambial por conta de salários;

---

[81] Belmonte, Alexandre A. e Braga, Nélson T. "Execução por título extrajudicial na especializada." In *Revista LTR 67-11*, p. 1.295.

[82] *Art. 585. São títulos executivos extrajudiciais: II – a escritura pública ou outro documento público assinado pelo devedor; o documento particular assinado pelo devedor e por duas testemunhas; o instrumento de transação referendado pelo Ministério Público, pela Defensoria Pública ou pelos advogados dos transatores.*

[83] Cunha, Eurípedes Brito. "Execução extrajudicial no processo do trabalho." In *Síntese Trabalhista* nº 136, p.31.

[84] *Ibid.*, p. 681.

c) ação de execução de título extrajudicial proposta perante a Justiça Civil.[85]

Após a inserção dos títulos extrajudiciais no processo do trabalho, dúvidas não pairam quanto ao fato de que o rito de execução a ser adotado será o mesmo previsto para a execução do título judicial, vale dizer, terá início com a citação do executado para que em 48 (quarenta e oito) horas pague ou garanta a execução, sob pena de penhora, segundo o disposto no art. 880, da Consolidação.[86]

Uma vez garantida a execução ou penhorados bens do executado, poderá o mesmo apresentar embargos, cuja matéria de defesa não estaria, em princípio, restrita às alegações de cumprimento da decisão ou do acordo, quitação ou prescrição da dívida, segundo o disposto no § 1º, do art. 884, da CLT, visto que a aplicação da norma subsidiária prevista no art. 745 do CPC possibilita a ampla discussão de matérias envolvendo a nulidade da execução; inexigibilidade do título; excesso de execução, ou penhora incorreta etc.

Tal afirmação reside no sentido de que, na possibilidade de eventual ocorrência de vício do consentimento quando da celebração de termo de ajuste de conduta, da conciliação perante comissão prévia ou na celebração de qualquer outro título extrajudicialmente, seria recomendável sua argüição e conseqüente apreciação através dos embargos à execução, evitando-se, portanto, a necessidade de ajuizamento de ação de anulação que por certo militaria contra os princípios da economia e celeridade processuais, além de procrastinar ainda mais a tão almejada efetividade processual.

No entanto, é primordial que se siga o modelo da execução trabalhista existente, do que se caminhar para a criação de um novo rito, diverso daquele inserido na Consolidação.

---

[85] *Ibid.*, p. 682-683.

[86] O Juiz ou Presidente do Tribunal, requerida a execução, mandará expedir mandado de citação ao executado, a fim de que cumpra a decisão ou o acordo no prazo, pelo modo e sob as cominações estabelecidas, ou, em se tratando de pagamento em dinheiro, incluídas as contribuições sociais devidas ao INSS, para que pague em 48 (quarenta e oito) horas, ou garanta a execução, sob pena de penhora.

Entretanto, para aqueles doutrinadores conservadores que não compartilham deste entendimento, nesta hipótese caberia ao interessado promover o ajuizamento de Ação Monitória, que será examinada na seqüência, já que a possibilidade de execução de outros títulos extrajudiciais perante o Judiciário especializado do trabalho não é unânime.

VI

A AÇÃO MONITÓRIA NO PROCESSO DO TRABALHO

Sabe-se que desde o Direito romano tem sido observado o princípio de não ser possível execução válida quando inexistir um título que a justifique.

Este título poderá ter sido produzido **judicialmente,** quando obtida uma sentença condenatória, ou **extrajudicialmente,** quando produzido um documento pelos sujeitos envolvidos no negócio jurídico e que retrate a existência de uma obrigação.

Das diversas dificuldades surgidas com a execução e sua morosidade, foram instituídas as **tutelas diferenciadas** e, por conseqüência, os processos diferenciados, que nada mais objetivam senão a proteção jurisdicional através de meios processuais particularmente ágeis e revestidos de uma **cognição sumária**.

Assim é que a Ação Monitória alcança a formação de título executivo judicial de maneira rápida, o que não implica ofensa aos princípios do devido processo legal, da ampla defesa e do contraditório.

Considerando a possibilidade de execução de outros títulos extrajudiciais no âmbito da Justiça do Trabalho além daqueles expressamente mencionados no art. 876 da CLT e da cobrança administrativa de multas por força da Emenda Constitucional nº 45/2004, de relevância o estudo da Ação Monitória no processo do trabalho, como forma de constituir meio alternativo à cobrança de títulos produzidos extrajudicialmente.

A Ação Monitória nasceu no Direito pátrio através das Ordenações do Reino, que previam a existência da Ação Decendiária, destinada ao recebimento de quantia certa ou coisa determinada, conservada, posteriormente, pelas Ordenações Manoelinas e Filipinas.

Com o advento do Regulamento nº 737, de 1850, a Ação Decendiária ficou restrita às causas comerciais, tendo sido omitida pelos Códigos de Processo Civil de 1939 e de 1973.

No entanto, foi através da Lei nº 9.079/1995, que a Ação Monitória passou a compor o ordenamento pátrio, estando disciplinada no art. 1.102, letras *a* e *c*, do Código de Processo Civil, e tendo como pressuposto a existência de prova escrita de obrigação, mas que não se encontra revestida da eficácia do título executivo.

Quanto à natureza jurídica da Ação Monitória, o entendimento doutrinário não é pacífico, porque para alguns doutrinadores, dentre eles Carnelutti, corresponde a um procedimento intermediário entre os processos de conhecimento e de execução, enquanto que para outros, encontra-se inserida na categoria dos acertamentos com prevalente função executiva.

Mais recentemente, surgiu o entendimento do qual é expressão José Rubens da Costa, asseverando que referido procedimento possui natureza mista por revestir-se de processo de conhecimento em face do contraditório quando da apresentação dos embargos, conservando, porém a prevalência da execução em virtude dos fins a que se destina.[87]

O processo monitório é caracterizado por duas fases distintas, quais sejam: a) o **conhecimento sumário e liminar** para expedição do mandado, resultando daí a importância da existência de documento escrito noticiando a obrigação; b) o **conhecimento pleno** através da apresentação dos embargos, quando, então, será formado o título executivo, se rejeitadas as alegações do devedor.

Dúvidas já não pairam quanto à admissibilidade da Ação Monitória no Processo do Trabalho, desde que o título ou o documento em que se fundamente o pedido tenha sido originado da relação de emprego, devendo ser ajuizada perante Vara do Trabalho, citando-se como exemplos as hipóteses do termo de rescisão contratual devidamente formalizado e não satisfeito, da confissão

---

[87] Mallet, Estevão. *Procedimento monitório no processo do trabalho*, p.29-37.

de dívida de natureza trabalhista mediante instrumento particular, do aviso de férias e respectivo recibo inadimplidos, do acordo para pagamento das verbas rescisórias dentre outros.[88]

Segundo Estevão Mallet, a possibilidade de utilização da Ação Monitória não diz respeito apenas ao empregado, mas, também, ao empregador, quando pretender do empregado a prestação de obrigação de fazer, no caso, devolução de equipamentos, vestimentas ou utensílios em poder do obreiro e que foram cedidos pelo empregador para uso durante a vigência da relação de emprego.[89]

Há de ser lembrada, ainda, a inteira compatibilidade da Ação Monitória contra as empresas públicas ou sociedades de economia mista, eis que equiparadas ao empregador urbano nos termos do disposto no art. 173, II, da Lei Maio,[90] sujeitas, portanto, ao regime jurídico próprio das empresas privadas, inobstante certa parte da doutrina tenha se inclinado de maneira contrária a tal entendimento.

De forma geral, qualquer documento que comprove a existência de obrigação em pecúnia poderá ensejar a propositura da Ação Monitória, excluídas as obrigações de fazer e não-fazer, se-

---

[88] 1. Princípio da fungibilidade. Apelação. 2. Ação monitória. Compatibilidade com o Processo do Trabalho. 1. Em face do princípio da fungibilidade, há ser recebido, como recurso ordinário, o recurso interposto, sob a denominação de apelação, contra decisão proferida em ação monitória, quando preenchidos os demais requisitos de admissibilidade, inclusive observância ao prazo previsto no art. 895, *a*, da CLT. 2. É plenamente compatível com o processo do trabalho, o procedimento específico previsto em ação monitória. A ação monitória constitui modalidade híbrida de procedimento cognitivo. Não obstante a resposta do réu desafie a oposição de embargos, tal via de resistência prescinde da garantia do juízo, o que acaba por conferir natureza cognitiva ao procedimento, Nessa perspectiva, o procedimento monitório revela-se perfeitamente compatível com o processo do trabalho, mesmo porque possibilita a agilização do crédito alimentar trabalhista. (TRT 3ª Região, AI 0607/01, Ac. 3ª Turma, Rel. Juiz José Eduardo de Resende Chaves Junior).

[89] *Ibid.*, p.55.

[90] *Art. 173, – II. A sujeição ao regime jurídico próprio das empresas privadas, inclusive quanto aos direitos e obrigações civis, comerciais, trabalhistas e tributários.*

gundo o comando do art. 1.102, *a*, do CPC,[91] ensejando, pois, nestas últimas hipóteses, a extinção do feito sem julgamento do mérito por inadequação da medida.

A petição inicial da Ação Monitória haverá de observar os requisitos do art. 282 do CPC,[92] com exposição clara dos fatos e fundamentos do pedido a ensejar a determinação de expedição do mandado de pagamento no prazo de 15 (quinze) dias, de acordo com a regra inserta no art. 1.102, *b*, do mesmo diploma legal.[93]

No processo civil, citado o devedor, terá o mesmo prazo de 15 (quinze) dias para apresentação dos embargos, não havendo se cogitar da garantia do Juízo neste tipo de procedimento, visto que tais embargos possuem natureza de defesa à pretensão do autor, com especial enfoque aos princípios de economia e celeridade processuais.

Em se tratando do processo do trabalho, uma vez deferida a expedição do mandado, será possível ser designada audiência para comparecimento das partes, ocasião em que poderá ser facilitada até mesmo a realização de conciliação.

Referido entendimento funda-se na necessidade de adaptação do procedimento monitório ao rito do processo do trabalho.

De ressaltar-se que no procedimento monitório a citação de devedor constitui uma ordem de pagamento e não um chamamento para apresentação de defesa, e que se concretiza com a apresentação dos embargos, de acordo com o disposto no § 2º, do art. 1102, *c*, do CPC.[94]

---

[91] *Art. 1.102,* a. *A ação monitória compete a quem pretender, com base em prova escrita sem eficácia de título executivo, pagamento de soma em dinheiro, entrega de coisa fungível ou de determinado bem móvel.*

[92] *Art. 282. A petição inicial conterá: I – o juiz ou tribunal, a que é dirigida; II – os nomes, prenomes, estado civil, profissão, domicilio e residência do autor e do réu; III – o fato e os fundamentos jurídicos do pedido; IV – o pedido, com as suas especificações; V – o valor da causa; VI – as provas com que o autor pretende demonstrar a verdade dos fatos alegados; VII – o requerimento para a citação do réu.*

[93] *Art. 1.102,* b. *Estando a petição inicial devidamente instruída, o juiz deferirá de plano a expedição do mandado de pagamento ou de entrega da coisa no prazo de 15 (quinze) dias.*

[94] *Art. 1.102, c; § 2º. Os embargos independem de prévia segurança do juízo e serão processados nos próprios autos, pelo procedimento ordinário.*

Se ausente o autor, deverá a Ação Monitória ser objeto de arquivamento. No entanto, se ausente o devedor ou na inexistência e apresentação dos embargos, referida circunstância ensejará a formação imediata do título executivo, transformando-se o mandado inicial em mandado executivo com prosseguimento da execução, na conformidade da regra contida no art. 1.102, *c*, do diploma processual sob análise.[95]

No entanto, poderá ocorrer o comparecimento do devedor para satisfação do pedido, hipótese em que será decretada a extinção do feito, liberando-se o devedor das custas e honorários advocatícios, de acordo com a norma prevista no § 1º do art. 1.102, *c*, do CPC.[96]

Se, ao contrário, o devedor comparecer e contestar o pedido com apresentação de embargos, abrir-se-á fase de conhecimento para discussão da matéria.

Encerrada referida fase será proferida decisão que, em acolhendo o pleito terá por conseqüência a formação do título e prosseguimento da execução, enquanto que se rejeitado o pedido, implicará a decretação da extinção do processo, de acordo com a norma contida no § 3º do art. 1.102, *c*, do diploma processual.[97]

No Processo do Trabalho não há, ainda, unanimidade acerca da rejeição dos embargos opostos antes do início da fase de execução, situação que daria ensejo ao devedor à apresentação de Agravo de Petição e prosseguimento da execução em caráter provisório.

Entendimento em sentido contrário ao supramencionado, considerando-se o fato de tratar-se de Ação, estaria, portanto, a ensejar a interposição de Recurso Ordinário.

---

[95] *Art. 1.102, c. No prazo previsto no artigo anterior, poderá o réu oferecer embargos, que suspenderão a eficácia do mandado inicial. Se os embargos não forem opostos, constituir-se-á, de pleno direito, o título executivo judicial, convertendo-se o mandado inicial em mandado executivo e prosseguindo-se na forma prevista no Livro II, Título II, Capítulo II e IV.*

[96] *Art. 1.102, c, § 1º. Cumprindo o réu o mandado, ficará isento das custas e honorários advocatícios.*

[97] Rejeitados os embargos, constituir-se-á de pleno direito, o título executivo judicial, intimando-se o devedor e prosseguindo-se na forma prevista no Livro II, Título II, Capítulos II e IV.

Caso a inicial seja indeferida com conseqüente extinção do processo monitório, o remédio cabível será a interposição de Recurso Ordinário em se tratando do processo do trabalho ou de Apelação no cível.

Se, por hipótese, for acolhida a monitória, haverá a parte de utilizar-se da Apelação em se tratando de procedimento civil e de Agravo de Petição na Justiça do Trabalho, objetivando a modificação do provimento jurisdicional concedido quando da rejeição dos embargos opostos, hipótese em que, a execução da monitória far-se-á através de execução provisória em face da pendência de recurso.

Deve enfatizar-se que se a extinção do feito ocorrer com fulcro no reconhecimento de inexistência da obrigação, a coisa julgada impedirá que o autor possa reiterar o pedido.

Entretanto, se a extinção do processo for decretada em virtude de ausência das condições da ação, dará ao autor a possibilidade de ajuizamento de nova ação.

Questão que vem provocando grande discussão na doutrina refere-se ao cabimento da Ação Monitória contra o Poder Público, constatando-se a existência de reiteradas decisões no sentido de que o procedimento monitório não se aplica à Administração Pública em face da indisponibilidade do interesse público, do duplo grau de jurisdição obrigatório e da necessidade precatória, ao rigor da norma inserta no art. 100 da Lei Maior.[98]

Pelos mesmos fundamentos utilizados para rejeição da decretação de revelia e confissão ficta à Fazenda Pública com base na indisponibilidade do interesse público, essas mesmas razões reforçam, ainda mais, a impossibilidade de utilização da Ação Monitória contra a Fazenda Pública, inobstante entendimentos em sentido contrário sobre a mesma questão.

Além desses aspectos há de ser realçada, uma vez mais, a garantia do duplo grau de jurisdição obrigatório todas as vezes em

---

[98] *Art. 100. À exceção dos créditos de natureza alimentícia, os pagamentos devidos pela Fazenda Federal, Estadual ou Municipal, em virtude de sentença judiciária, far-se-ão exclusivamente na ordem cronológica de apresentação dos precatórios e à conta dos crédito respectivos, proibida a designação de casos ou de pessoas nas dotações orçamentárias e nos créditos adicionais abertos para este fim.*

que o Poder Público tiver contra si decisão condenatória, o que importa asseverar que a modalidade de formação de título executivo através do processo monitório não se aplicaria à Administração Pública.

Ademais, tendo-se em conta que a Fazenda Pública não se sujeita a qualquer pagamento sem prévia sentença condenatória e que terá por conseqüência a obrigatoriedade de formação do necessário precatório, resulta claro que o procedimento em exame é inaplicável no âmbito da Administração Pública, excetuando-se as causas definidas legalmente como de pequeno valor, segundo o disposto no § 2º do art. 475, do CPC.[99]

Em sentido contrário, Ada Pellegrini[100] assevera inexistir qualquer óbice à utilização da ação monitória contra a Administração Pública, visando à formação célere do título executivo, que deverá ser executado na conformidade das regras legais pertinentes à espécie.

Feitas tais considerações a propósito do procedimento monitório e sua aplicabilidade no processo do trabalho, resulta claro que tal procedimento seria o meio adequado para os doutrinadores que não vislumbram a possibilidade de execução de outros títulos extrajudiciais não especificados no art. 876 da CLT e na EC nº 45/2004 pelo Judiciário Especializado.

---

[99] *Art. 475 –, § 2º. Não se aplica o disposto neste artigo sempre que a condenação, ou o direito controvertido, for de valor certo não excedente a 60 (sessenta) salários mínimos, bem como no caso de procedência dos embargos do devedor na execução de dívida ativa do mesmo valor.*

[100] Ação monitória, ano I, nº 6, 1977.

VII

O PROCEDIMENTO ARBITRAL

A arbitragem no ordenamento pátrio encontra-se disciplinada pela Lei nº 9.307/1996, mais conhecida por Lei Marco Maciel, utilizada para solução de **direitos patrimoniais disponíveis** e constituindo referido método um concorrente à jurisdição.

Com efeito, a arbitragem diferencia-se da jurisdição, posto que terceiro estranho ao litígio é escolhido pelas próprias partes e não imposto pelo Estado.

Muito se tem discutido a propósito da utilização da arbitragem no direito individual, em razão dos denominados **direitos indisponíveis do empregado**, sendo porém, unânime sua adoção no direito coletivo, tanto é verdade que inúmeras categorias já vêm inserindo a arbitragem como forma de solução de possível litígio durante o curso da norma coletiva.

São conhecidas como formas do procedimento arbitral:

a) **facultativa ou obrigatória**, dependendo de estarem as partes vinculadas ou não à utilização do mesmo procedimento, usualmente imposto através de lei (no sistema pátrio a solução da PLR remete as partes a tal procedimento);
b) **privada ou oficial**, caso o árbitro seja contratado diretamente pelas partes ou vinculado ao Poder Público;
c) **unipessoal ou colegiada**, quando da intervenção de único elemento ou uma pluralidade de árbitros;
d) **convencional ou regulamentada**, dependendo do grau de liberdade concedido ao árbitro, que disporá de ampla

liberdade na condução do conflito ou desenvolverá o procedimento arbitral dentro dos limites fixados pelas partes;

e) **de direito ou de eqüidade**, conforme seja estabelecido que a decisão observe o ordenamento legal específico ou à margem deste; vale dizer, a **arbitragem de direito** tem por finalidade dar interpretação a uma cláusula contratual, assemelhando-se ao dissídio coletivo de natureza jurídica, enquanto que a **arbitragem de eqüidade** tem por finalidade a solução do conflito de interesses, aproximando-se do dissídio coletivo de natureza econômica;

f) **de oferta final** que condiciona o procedimento do árbitro na escolha de uma das propostas das partes; (Lei nº 8.630/1993, que trata dos serviços portuários)

g) **por pacote** que condiciona o árbitro a optar quanto ao conjunto das propostas das partes;

h) **medianeira**, situação que permite ao árbitro decidir como mediador, valorando as ofertas produzidas pelas partes.

A adoção do procedimento arbitral é facultada às pessoas capazes e refere-se a **direitos patrimoniais disponíveis**, podendo ser escolhida pelas partes a **arbitragem de direito ou de eqüidade**, mediante o ajuste de **cláusula compromissória ou compromisso arbitral**.

A **cláusula compromissória** consiste no compromisso celebrado pelas partes, que estabelecem como via única de solução de eventual litígio o procedimento arbitral; portanto, depende de sua inserção no contrato celebrado ou em documento apartado.

A **cláusula compromissória é autônoma** em relação ao contrato firmado; vale dizer, se o contrato for declarado nulo, seus efeitos não se estenderão necessariamente, à cláusula compromissória.

Já, o **compromisso arbitral**, consiste na convenção pela qual as partes submetem a solução do litígio ao procedimento arbitral de forma **judicial ou extrajudicial**. O primeiro, em decorrência de ajuste celebrado no processo e o extrajudicial por escrito particular, firmado pelas partes e duas testemunhas, ou por instrumento público.

Poderá figurar como árbitro qualquer pessoa capaz que goze da confiança das partes; se houver a indicação de mais de um árbitro, há necessidade de que o Tribunal Arbitral instalado funcione com **número ímpar** de árbitros, já que a **decisão arbitral será tomada por maioria** e seus membros elegerão o presidente do Tribunal Arbitral, que na falta de consenso será o mais idoso.

Os motivos que geram impedimentos e suspeição dos árbitros são os mesmos previstos para os juízes, já que o **árbitro é juiz de fato e de direito e a sentença proferida não ficará sujeita a recurso ou homologação pelo Judiciário**.

O procedimento arbitral deverá pautar-se pela observância dos princípios do **contraditório, da igualdade das partes, da imparcialidade do árbitro e de seu livre convencimento**.

Iniciado o procedimento arbitral, poderá o árbitro tentar a conciliação entre as partes; se impossível colherá o depoimento das partes e testemunhas, podendo determinar a realização de perícias e demais diligências que julgar necessárias a requerimento das partes ou de ofício.

A sentença arbitral deverá ser proferida no prazo estipulado pelas partes ou até 6 (seis) meses, contado da instituição da arbitragem, ou seja, pela indicação do árbitro e respectiva aceitação do encargo, podendo tal prazo ser dilatado a critério das partes.

A decisão arbitral será tomada **por maioria** e conterá: relatório, fundamentação, dispositivo, data e local em que foi proferida e se pronunciará inclusive quanto à responsabilidade das partes acerca das despesas com a arbitragem.

Proferida a sentença arbitral o procedimento estará concluído, facultando-se às partes, no prazo de cinco dias, apresentar pedido de correção de erro material ou que seja esclarecida alguma obscuridade, omissão, contradição ou dúvida, com pronunciamento pelo árbitro em 10 (dez) dias.

A sentença arbitral produz **efeitos análogos ao da sentença judicial, com atributo de título executivo** no caso de descumprimento.[101]

A sentença arbitral estrangeira será objeto de reconhecimento e execução na conformidade dos tratados internacionais a propósito da matéria, estando sujeita à homologação pelo Supremo Tribunal Federal, lembrando-se, ainda, que o Brasil ratificou a Convenção de Nova York através do Decreto nº 4.311/2002.

A arbitragem poderá dar-se, ainda das seguintes formas:

a) **nacional** – envolvendo sujeitos vinculados a um mesmo Estado soberano, cujos árbitros também possuem poderes circunscritos às fronteiras do respectivo Estado;
b) **internacional** – envolvendo sujeitos de distintos Estados, cujos árbitros possuem poderes de abrangência nos territórios a que pertencem os sujeitos do litígio.

Princípios adotados pela arbitragem: contraditório, igualdade das partes, imparcialidade e o livre convencimento do árbitro.

São passíveis de solução por arbitragem apenas os **direitos disponíveis**, ou seja, os **indisponíveis** que não admitem renúncia, transação, alienação, transmissão e prescrição não podem ser objeto de referida solução.

---

[101] O art. 23, da Lei nº 8.630/1993, submete os litígios do trabalhador portuário, originariamente, à comissão paritária constituída no âmbito do Órgão Gestor de Mão-de-Obra – OGMO. Em caso de impasse, prevê que as partes recorram à arbitragem de ofertas finais, não admitida a desistência por qualquer das partes, com laudo arbitral proferido para a solução da controvérsia, com força normativa, independentemente de homologação judicial. Ao admitir-se a indispensabilidade dessa medida de solução extrajudicial, estar-se-á retirando desses trabalhadores o direito de ação correspondente, em flagrante desrespeito ao art. 5º, inciso XXXV, da Constituição Federal. Essa lei estabelece compromisso arbitral, repita-se, com proibição da sua desistência, e laudo com força normativa, independentemente de homologação judicial, que impede a ação judicial, conforme art. 267, inciso VII, do Código de Processo Civil. Não há, pois, como admitir que se trata de mero requisito de admissibilidade da ação, visto que, uma vez procurado, termina com um laudo arbitral, que impede a ação judicial. Tipo: Recurso Ordinário; Data de Julgamento: 14/05/2002; Processo nº 20010075229; 2001; 10ª Turma; Rel. Paulo José Ribeiro Mota.

Constituem **direitos indisponíveis** aqueles ligados ao direito da personalidade como é o caso do direito à vida, integridade física, liberdade, nome, intimidade, vida privada, dentre outros.

De acordo com a classificação utilizada por inúmeros estudiosos do Direito do Trabalho, os direitos trabalhistas podem ser classificados em:

a) **normas de ordem pública absoluta** – portanto, inderrogáveis, não permitindo a solução por arbitragem;
b) **normas de ordem pública relativa** – permitindo soluções flexibilizadas mediante negociação coletiva, previstas no texto constitucional, permitindo, pois, a solução de controvérsias por arbitragem;
c) **normas dispositivas** – aceitando qualquer tipo de pactuação entre as partes e, portanto, sujeitos à arbitragem.

Para ilustrar a questão pode ser tomado o exemplo dos alimentos, irrenunciáveis e, portanto, indisponíveis; no entanto, a matéria objeto à sua fixação permite negociação e, então, poderia ensejar solução por arbitragem ou negociação.

Durante o procedimento arbitral **é facultada a conciliação** entre as partes, circunstância que implica a homologação do ajuste pelo juízo arbitral que equivale à **sentença irrecorrível**.

As partes poderão valer-se de advogados, o que significa asseverar a existência do ***jus postulandi*** no procedimento arbitral; **à revelia**, impropriamente utilizada pelo legislador pátrio implica, tão-somente, a ausência de comparecimento de uma das partes, não se podendo cogitar de seus efeitos processuais, tal como ocorreria na jurisdição, em razão de inexistirem autor e réu no procedimento arbitral.

Deve ser enfatizado que a doutrina na atualidade encontra-se dividida quanto à possibilidade de ajuste da solução arbitral quando da **celebração ou da rescisão do contrato individual de trabalho**, entendendo-se que possa o empregado manifestar sua vontade sob pressão eventualmente exercida pelo empregador, lembrando-se que a adoção ao procedimento arbitral implica **renúncia ao direito constitucional de ação**.

Via de conseqüência, as cláusulas compromissórias inseridas nos contratos individuais padeceriam de **nulidade absoluta**, sendo de ressaltar-se que a mesma disposição de índole coletiva tem sido objeto de inserção em acordos e convenções coletivas de trabalho de inúmeras categorias.

A **experiência estrangeira** a propósito do procedimento arbitral é mais difundida nos países que adotaram o sistema anglo-saxão, como é o caso dos Estados Unidos e Canadá, em virtude do próprio ordenamento jurídico quanto à solução dos dissídios decorrentes das relações de trabalho.

Com efeito, considerando que o Direito do Trabalho nestes países é regulado por convenções coletivas, ou seja, consiste em Direito fixado pelas próprias partes envolvidas, o modo de solução dos conflitos surgidos segue o mesmo direcionamento, isto é, a solução extrajudicial.

Tal posicionamento reside no fundamento de que se o Estado não interfere, nem intervém na criação da norma jurídica de ordem trabalhista, mantém o mesmo posicionamento na solução dos conflitos, diante da ampla liberdade de negociação que estão investidas as partes.

Feitas tais considerações, verifica-se que o laudo arbitral quando inadimplido enseja a imediata execução junto à jurisdição que lhe deu origem, valendo dizer, se os direitos objeto da solução arbitral forem de natureza civil, a execução da sentença arbitral dar-se-á junto à jurisdição civil; caso refiram-se à direitos trabalhistas, serão executados perante a Justiça do Trabalho, por constituir título executivo extrajudicial.[102]

---

[102] Execução de sentença arbitral. Validade do título executivo. A ação monitória destina-se à constituição de título executivo e, se for o caso, à sua posterior execução. Detentora a reclamante de título que autorize desde logo a execução, proveniente do Tribunal de Arbitragem do Estado de São Paulo, não tem a parte interesse em constituir outro, conseqüência natural do ajuizamento de ação monitória. Correto, portanto, o procedimento da obreira ao ingressar diretamente com ação de execução. Recurso a que se dá provimento para anular o *decisum* de origem, que extinguiu o feito sem resolução de mérito. RECURSO ORDINÁRIO; 17/07/2007; Processo nº 03305-2005-028-02-00-0; 2007; 11ª Turma; Rel. Maria Aparecida Duenhas.

EXECUÇÃO DE TÍTULO EXTRAJUDICIAL E AS INOVAÇÕES INTRODUZIDAS PELA LEI Nº 11.382/2006

Muito se tem discutido a propósito de se alcançar um trâmite processual célere que, sem comprometer os princípios processuais da ampla defesa, contraditório, devido ao processual legal dentre outros, propicie ao jurisdicionado uma rápida solução do litígio

Assim é que sob a recente sistemática introduzida pela Lei nº 11.232/2005, houve completa alteração quanto à execução de sentença no processo civil com relação aos títulos judiciais, sob a denominação de cumprimento da sentença.

De igual forma, a Lei nº 11.382/2006, trouxe importantes alterações no que respeita à execução, no processo civil, em relação aos títulos extrajudiciais, recompondo, inclusive a ordem preferencial do art. 655 do CPC.

Estas, são apenas algumas das importantes e recentes alterações introduzidas no CPC, que serão objeto de apreciação neste trabalho, sempre que possível, comparando-se a regra processual civil e sua compatibilidade com o processo do trabalho.

Verifica-se, pois, que a finalidade das novas regras introduzidas tem por objetivo imediato buscar a celeridade processual na esfera da execução, eis que nada vale a existência de mecanismos que possam encurtar o prazo de conclusão no processo de conhecimento se este mesmo ritmo não puder ser observado na fase de execução.

De início, é importante ressaltar que o diploma legal sob estudo não tratou, exclusivamente, da execução do título extrajudicial, mas de inúmeros dispositivos contidos no corpo do Código de Processo Civil, a seguir relacionados:

Art. 143, V – A nova Lei, acrescentou à redação do art. 143 existente o inciso V, determinando, dentre as funções a serem exercidas pelo oficial de justiça, a de **efetuar avaliações**.

Em relação ao processo do trabalho, a avaliação dos bens constritos pelo oficial de justiça sempre contribuiu para a celeridade processual.

Art. 238, parágrafo único – De igual forma, introduziu ao art. 238, parágrafo único, presumindo **válidas as comunicações e intimações dirigidas ao endereço residencial ou profissional declinado na inicial, contestação ou embargos, cumprindo às partes, atualizar o respectivo endereço sempre que houver modificação temporária ou definitiva**.

Verifica-se que o novo dispositivo, à semelhança do que já ocorre no processo do trabalho, prioriza a comunicação do ato processual entregue no correto endereço constante dos autos, acompanhada do respectivo aviso de recebimento, incumbindo, pois, às partes manter atualizados seus endereços.

Relativamente ao processo do trabalho, a referida prática já vem sendo utilizada com sucesso há muito tempo.

Art. 365, IV – Introduziu a possibilidade de que **as cópias reprográficas de peças do próprio processo judicial declaradas autênticas, pelo próprio advogado, sob sua responsabilidade pessoal, se não lhes for impugnada a autenticidade**.

Verifica-se que a medida é útil, eficaz e econômica às partes, não comprometendo a segurança do sistema de provas.

Art. 411, IV – Apenas substituiu a antiga denominação do Tribunal Federal de Recursos pelo **Superior Tribunal de Justiça** ao dispor sobre a inquirição de referidos membros em sua residência, ou onde exercem a sua função.

Art. 493, I – De maneira idêntica à mencionada no artigo anterior, inseriu no contexto o **Superior Tribunal de Justiça**, substituindo o Tribunal Federal de Recursos, ao tratar do procedimento de julgamento pelo relator do processo.

Art. 580 – Neste dispositivo encontram-se duas alterações significativas: a) os pressupostos exigidos para a instauração da execução, quais sejam: **A execução pode ser instaurada caso o devedor não satisfaça a obrigação certa, líquida e exigível, consubstanciadas em título executivo**; b) revogou o parágrafo único que dispunha sobre a caracterização do devedor inadimplente.

De acordo com referido dispositivo e considerando a Lei nº 11.232/2005, que reformulou o sistema de execução dos títulos judiciais, os quais passaram a ser considerados fase do processo de conhecimento, por meio da denominação "cumprimento da sentença", tem-se que a nova redação refere-se exclusivamente aos títulos extrajudiciais.

Art. 585, III, IV e V – A nova redação, ao especificar os títulos extrajudiciais, introduziu as seguintes alterações:

> *III – os contratos garantidos por hipoteca, penhor, anticrese e caução, bem como de seguro de vida;*
>
> *IV – o crédito decorrente do foro e laudêmio;*
>
> *V – o crédito documentalmente comprovado, decorrente de aluguel de imóvel, bem como de encargos acessórios, tais como taxas e despesas de condomínio.*

Verifica-se pela nova redação dada ao inciso III, que as alterações permitem que os institutos de Direito Civil mencionados possam ensejar execução direta, o mesmo ocorrendo em relação do contrato de seguro, que em referência ao dispositivo anterior previa a necessidade quanto ao resultado morte ou incapacidade.

Relativamente ao inciso IV, houve um desmembramento em relação ao crédito decorrente do foro e laudêmio, visto que o inciso V passou a tratar, separadamente, de quaisquer créditos comprovados documentalmente, decorrente de aluguel, encargos acessórios, taxas e despesas de condomínio.

Art. 586 – Inseriu na redação anteriormente existente a necessidade de certeza, liquidez e exigibilidade em relação ao título, na medida em que dispôs que **a execução para cobrança de crédito fundar-se-á sempre em título de obrigação certa, líquida e exigível**, revogando os §§ 1º e 2º.

A modificação é saudável, visto que a certeza determina a ausência de dúvida quanto à obrigação; a liquidez implica a determinação do valor ou bem; e a exigibilidade refere-se ao prazo para cumprimento da obrigação.

Art. 587 – A nova redação define como **definitiva a execução fundada em título extrajudicial; provisória enquanto pendente apelação da sentença de improcedência de embargos do executado, quando recebidos com efeito suspensivo (art. 739)**.

Constata-se que a nova redação considera definitiva toda execução fundada em título extrajudicial, permitindo, pois, ao credor a pronta execução da obrigação pactuada; a novidade refere-se ao caráter excepcional, de serem os embargos recebidos com efeitos suspensivos, que será concedido quando houver possibilidade de dano grave ou de difícil reparação.

Art. 592, I – A nova redação acrescentou àquela existente, a denominada responsabilidade patrimonial secundária, determinando que ficam sujeitos à execução os bens **do sucessor a título singular, tratando-se de execução fundada em direito real ou obrigação reipersecutória**.

Art. 600, IV – Ao tratar dos atos atentatórios à dignidade da Justiça, substituiu a expressão devedor por **executado** quanto ao *caput* do dispositivo em questão, alterando a redação do inciso IV pela seguinte forma: **intimado, não indica ao Juiz, em cinco dias, quais são e onde se encontram os bens sujeitos à penhora e seus respectivo valores**.

Referido dispositivo foi alterado em razão das modificações introduzidas nos arts. 652 e seguintes, como se verificará adiante.

Art. 614, I – O art. 614 ao disciplinar a forma pela qual o credor deve requerer a execução, determinou que a petição inicial deve ser instruída **com o título executivo extrajudicial**.

> ***Art. 615*** **–** *A – O exeqüente poderá, no ato da distribuição, obter certidão comprobatória do ajuizamento da execução, com identificação das partes e valor da causa, para fins de averbação no registro de imóveis, registro de veículos ou registro de outros bens sujeitos à penhora ou arresto.*

O dispositivo sob estudo não tem similar no diploma anterior e constitui mais um avanço em busca da efetividade do processo de execução, ao permitir que o exeqüente possa, quando da distribuição do feito, obter certidão para fins de averbação junto ao registro imobiliário de veículos ou de outros bens sujeitos à constrição.

> ***§ 1º*** *– O exeqüente deverá comunicar ao Juízo as averbações efetivadas, no prazo de 10 (dez) dias de sua concretização.*

Portanto, uma vez cumprida a diligência relativa à averbação, deverá o exeqüente comunicar o juízo em 10 (dez) dias.

> ***§ 2º*** *– Formalizada penhora sobre bens suficientes para cobrir o valor da dívida, será determinado o cancelamento das averbações de que trata este art. relativas àqueles que não tenham sido penhorados.*

Quando da formalização da constrição houver excesso em relação às averbações realizadas, será determinado o cancelamento daquelas cujos bens não tenham sido penhorados.

> ***§ 3º*** *– Presume-se em fraude à execução a alienação ou oneração de bens efetuada após a averbação (art. 593).*

O dispositivo em questão deve ser analisado juntamente com a regra inserta no art. 593 do CPC que tipifica os casos de fraude à execução, bastando simplesmente a alienação ou oneração dos mesmos bens.

> ***§ 4º*** *– O exequente que promover averbação manifestamente indevida indenizará a parte contrária, nos termos do § 2º, do art. 18 desta Lei, processando-se o incidente em autos apartados.*

A regra sob estudo remete à caracterização da litigância de má-fé, nos casos em que as providências relativas às averbações superarem o crédito do exeqüente, ou, eventualmente, tiverem sido promovidas com a intenção de provocar manifesto prejuízo ao executado.

> *§ 5º – Os tribunais poderão expedir instruções sobre o cumprimento deste artigo.*

A norma em questão deixa a critério dos tribunais a possibilidade de expedição de procedimentos relativos ao cumprimento de tais providências.

Art. 618, I – Trata das hipóteses em que será considerada nula a execução, reportando-se às condições de certeza, liquidez e exigibilidade do título já examinadas em relação ao art. 586, ao dispor se o título executivo **extrajudicial não corresponder à obrigação certa, líquida e exigível** (art. 586).

Art. 634 – A nova redação, ao tratar da obrigação realizada por terceiro, substituiu as expressões credor e devedor por exeqüente e executado, pela forma a seguir: Se o fato puder ser prestado por terceiro, é licito ao juiz, a requerimento do **exeqüente**, decidir que aquele o realize à custa do **executado.**

Parágrafo único – Trata da obrigação imposta ao exeqüente quanto ao adiantamento das quantias previstas na proposta que o juiz houver aprovado, após avaliar a manifestação das partes. Referido parágrafo substitui os sete anteriores, com a seguinte redação: **O exeqüente adiantará as quantias previstas na proposta que, ouvidas as partes, o juiz houver aprovado.**

Art. 637, parágrafo único – Dispõe sobre o direito de preferência do credor, que deverá ser exercido em 5 (cinco) dias, a partir da apresentação da proposta pelo terceiro (parágrafo único do art. 634), que dispõe: O direito de preferência será exercido no prazo de 5 (cinco) dias, contados **da apresentação da proposta pelo terceiro (art. 634, parágrafo único).**

Art. 647, I, II e IV – O dispositivo dispõe sobre as diversas formas de expropriação, sendo que de acordo com o inciso I, a adjudicação passou a ter preferência entre as várias formas de alienação do patrimônio do executado, permitindo ao exeqüente adquirir o bem constrito pelo valor da avaliação (art. 685-A), ao estipular que na adjudicação em favor do **exeqüente ou das pessoas indicadas no § 2º do art. 685-A desta Lei**.

Quanto ao inciso II, estabeleceu a **alienação por iniciativa particular** (art. 685-C), evitando a denominada alienação por preço vil, que, sem dúvida, trará mais beneficio à efetividade da execução.

Já, a norma inserta no inciso IV dispõe sobre o usufruto de bem **móvel** ou imóvel, ampliando, com a introdução do usufruto de bem móvel as opções do exeqüente em relação ao seu crédito.

Art. 649, II, III, IV, V, VIII, IX e X, §§ 1º e 2º – O dispositivo em questão trata dos bens absolutamente impenhoráveis, sendo que, em relação ao inciso II, **os móveis, pertences e utilidades domésticas que guarnecem a residência do executado, salvo os de elevado valor ou que ultrapassem as necessidades comuns correspondentes a um médio padrão de vida**, ficando, pois, a critério do juiz avaliar dentro do caso concreto, as necessidade relativas a um médio padrão de vida, que certamente apresentará peculiaridades próprias de acordo com a diversas regiões do país.

III – os vestuários, bem como os pertences de uso pessoal do executado, salvo se de elevado valor, excluindo-se, pois, jóias e equivalentes.

IV – os vencimentos, subsídios, soldos, salários, remunerações, proventos de aposentadoria, pensões, pecúlios e montepios; as quantias recebidas por liberalidade de terceiro e destinadas ao sustento do devedor e sua família, os ganhos de trabalhador autônomo e dos honorários de profissional liberal, observado o disposto no § 3º – verifica-se que a nova redação manteve a regra anterior quanto à impenhorabilidade do ganho correspondente à sobrevivência do devedor e de sua família.

V – os livros, as máquinas, as ferramentas, os utensílios, os instrumentos ou outros bens móveis, necessários ou úteis ao exercício de qualquer profissão, – constata-se que a impenhorabilidade, nesse caso, não atinge, por exemplo, o imóvel em que esteja situado o executado para o exercício de sua profissão, mas, apenas, os equipamentos ou instrumentos úteis ao seu trabalho.

VIII – a pequena propriedade rural, assim definida em leis, desde que trabalhada pela família, **que, igualmente, tem por finalidade preservar a subsistência do executado e da mesma.**

IX – os recurso públicos recebidos por instituições privadas para aplicação compulsória em educação, saúde ou assistência social, assegurando, pois, que os recursos públicos transferidos às entidades privadas não perdem sua impenhorabilidade.

X – até o limite de quarenta salários mínimos, a quantia depositada em caderneta de poupança, – novidade que permite ao executado preservar economias mantidas em caderneta de poupança, até o limite mencionado.

§ 1º – A impenhorabilidade não é oponível ao crédito concedido para a aquisição do próprio bem, **dispensando, pois, maiores comentários a propósito da hipótese**.

§ 2º – O disposto no inciso IV não se aplica no caso de penhora para pagamento de prestação alimentícia, consolidando, portanto, entendimento jurisprudencial a propósito de que a impenhorabilidade dos vencimentos e demais proventos não prevalece diante da existência da obrigação alimentar.

Art. 650 – A regra em questão dispõe sobre a penhorabilidade relativa com referência aos frutos e rendimentos de bens inalienáveis, somente quanto inexistirem outros bens passíveis de constrição, segundo se verifica da nova redação, a saber: **Podem ser penhorados, a falta de outros bens, os frutos e rendimentos dos bens inalienáveis, a salvo se destinados à satisfação de prestação alimentícia**.

Art. 651 – A regra sob estudo, permite ao executado remir a execução, desde que responda pelo valor da dívida atualizada, acrescida de juros, custas e honorários advocatícios, ao dispor que: Antes de adjudicados ou **alienados os bens**, pode o **executado**, a todo o tempo, remir a execução, pagando ou consignando a importância **atualizada** da dívida, mais juros, custas e honorários advocatícios.

Art. 652 e §§ – A nova regra, ampliou o prazo anteriormente concedido de 24 horas para 3 (três) dias, ao dispor que o **executado** será citado para, **no prazo de 3 (três) dias, efetuar o pagamento da dívida**.

§ 1º – Na ausência de pagamento, o oficial de justiça procederá à penhora e avaliação de bens suficientes, lavrando o respectivo auto e intimando o executado nessa mesma oportunidade ao estabelecer que: **Não efetuado o pagamento, munido da segunda via do mandado, o oficial de justiça procederá de imediato à penhora de bens e a sua avaliação, lavrando-se o respectivo auto, e de tais atos intimando, na mesma oportunidade, o executado**.

§ 2º – A nova regra permite ao exeqüente indicar na inicial, bens do executado que pretenda sejam penhorados, observado o art. 655, e retirando, pois, do executado a antiga faculdade de indicar bens à penhora, circunstância que somente ocorrerá na hipótese do § 3º, na medida em que o dispositivo passou à seguinte redação: **O credor poderá, na inicial da execução, indicar bens a serem penhorados (art. 655)**.

§ 3º – A qualquer tempo, a requerimento do exeqüente ou de ofício, o juiz poderá determinar ao executado a indicação de bens à penhora, sob pena de ser-lhe aplicada a penalidade prevista no art. 600, visto que a nova redação determinou que **o juiz poderá, de ofício ou a requerimento do exeqüente, determinar, a qualquer tempo, a intimação do executado para indicar bens passíveis de penhora**.

§ 4º – A inovação diz respeito à intimação do executado na pessoa de seu advogado, salvo se, não estando assistido, a intimação será encaminhada, pessoalmente, ao executado, segundo se verifica da redação a seguir: **a intimação do executado far-se-á na pessoa de seu advogado; não o tendo, será intimado pessoalmente**.

§ 5º – A alteração confere ao magistrado a possibilidade de dispensar tal formalidade, se o executado não for encontrado com a finalidade de ser cientificado da penhora, segundo se verifica da atual redação: **se não localizar o executado para intimá-lo, o oficial certificará detalhadamente as diligências realizadas, caso em que o juiz poderá dispensar a intimação ou determinará novas diligências**.

Art. 652-A – A nova regra, dispõe a obrigatoriedade do executado em responder pela verba honorária que for fixada pelo magistrado, a saber: **Ao despachar a petição inicial, o juiz fixará, de plano, os honorários de advogado a serem pagos pelo executado (art. 20, § 4º)**.

Parágrafo único – Estabelece que na hipótese de integral pagamento no prazo de 3 (três) dias, os honorários advocatícios fixados inicialmente serão reduzidos à metade, ao dispor que: **no caso de integral pagamento no prazo de três dias, a verba honorária será reduzida pela metade**.

Art. 655 – A antiga ordem preferencial dos bens sujeitos à constrição foi totalmente reformulada, não cabendo mais ao executado a nomeação de bens, segundo se verifica: **A penhora observará, preferencialmente, a seguinte ordem:**

I - dinheiro, em espécie ou em depósito ou aplicação em instituição financeira, ampliando, assim, as hipóteses de constrição de valores sob a titularidade do executado;

II - veículos de via terrestre – que atualmente representam patrimônio de imediata liquidez, por se tratarem de automóveis e motocicletas;

III – bens móveis em geral – desde que de fácil comercialização, trarão mais rapidez à liquidação do crédito exeqüendo;

IV – bens imóveis – que sempre representaram certa dificuldade de liquidação, seja em função de seu valor, seja por causa da localização em que estiver situado;

V – navios e aeronaves – que não apresentam imediata liquidez, via de regra em razão de seus elevados valores;

VI – ações e quotas de sociedades empresárias – a constrição de tais ações somente poderá ocorrer desde que inexista no contrato social qualquer cláusula proibitiva nesse sentido, pois na positivação de tal vedação, a própria sociedade ou os demais sócios terão preferência na aquisição das quotas constritas;

VII – percentual do faturamento de empresa devedora – tal modalidade de constrição permitirá que a empresa dê continuidade à sua atividade e amortize parcialmente o débito, devendo-se atentar para que a medida não inviabilize o negócio do executado, porque deverá incidir sobre o percentual líquido;

VIII – pedras e metais preciosos – a liquidez de tais bens parece duvidosa, pois depende das oscilações do mercado;

IX – títulos da dívida pública da União, Estados e Distrito Federal com cotação em mercado – referida modalidade é mais freqüente nas execuções fiscais quando o executado poderá garantir o Juízo através de título da dívida pública cotado em mercado, embora de duvidosa liquidez;

X – títulos e valores mobiliários com cotação em mercado – a cotação em bolsa é imprescindível para determinar eventual valor e liquidez dos títulos constritos;

XI – outros direitos – conceito em aberto que permitirá a constrição de bens não elencados nos incisos precedentes.

§ 1º – Na execução de crédito com garantia hipotecária, pignoratícia ou anticrética, a penhora recairá, preferencialmente, sobre a coisa dada em garantia; se a coisa pertencer a terceiro garantidor, será também esse intimado da penhora, **verificando-se que a primeira parte do parágrafo sob estudo sofreu substancial modificação em relação à redação anterior, sendo que, na verdade, a maior alteração diz respeito à necessidade de intimação do terceiro, que poderá apresentar embargos.**

§ 2º – **Recaindo a penhora em bens imóveis, será intimado também o cônjuge do executado** – de igual forma, a intimação da penhora será estendida ao cônjuge do executado quando a constrição recair sobre bem imóvel, permitindo-se eventual defesa de sua meação.

> ***Art. 655-A*** *– Para possibilitar a penhora de dinheiro em depósito ou aplicação financeira, o juiz, a requerimento do exeqüente, requisitará à autoridade supervisora do sistema bancário, preferencialmente por meio eletrônico, informações sobre a existência de ativos em nome do executado, podendo no mesmo ato determinar sua indisponibilidade, até o valor indicado na execução.*

O sistema BacenJud, ora adotado pela Justiça Civil, revelou-se de muita utilidade na Justiça do Trabalho, seja em razão da rapidez e celeridade imprimidas à efetivação do crédito trabalhista, seja em função da moralização introduzida, reduzindo sensivelmente as manobras protelatórias para pagamento da obrigação exeqüenda.

> *§ 1º – As informações limitar-se-ão à existência ou não de depósito ou aplicação até o valor indicado na execução.*

Não se desconhece a possibilidade de bloqueios múltiplos no processo do trabalho, onerando, dessa forma, desnecessariamente, o executado; justamente para evitar tais ocorrências, o Provimento nº 4/2006, da CGJT, facultou que qualquer pessoa física ou jurídica poderá cadastrar conta única apta a acolher os bloqueios *on-line*, obrigando-se a manter recursos suficientes para atendimento da ordem judicial, sob pena do bloqueio ser direcionado às demais instituições financeiras ou contas em nome do executado.

> ***§ 2º*** *– Compete ao executado comprovar que as quantias depositadas em conta corrente referem-se à hipótese do inciso IV do* caput *do art. 649 desta Lei ou que estão revestidas de outra forma de impenhorabilidade.*

Na hipótese sob estudo, o ônus quanto à comprovação de que a quantia depositada em conta corrente corresponde à verba salarial é de inteira responsabilidade do executado.

> *§ 3º – Na penhora de percentual do faturamento da empresa executada, será nomeado depositário, com a atribuição de submeter à aprovação judicial a forma de efetivação da constrição, bem como de prestar contas mensalmente, entregando ao exeqüente as quantias recebidas, a fim de serem imputadas no pagamento da dívida.*

O objetivo da penhora sobre percentual do faturamento da empresa visa à continuidade dos negócios do executado, sem perder de vista a solidez de seu empreendimento, valendo dizer, que tal modalidade de constrição deverá dar-se em percentual razoável que não coloque em risco a continuidade da atividade empresarial.

> ***Art. 655-B*** *– Tratando-se de penhora em bem indivisível, a meação do cônjuge alheio à execução recairá sobre o produto da alienação do bem.*

A norma em questão visa, por certo, evitar a interposição de embargos de terceiros pelo cônjuge alheio à execução, permitindo, assim, que este receba seu quinhão do produto da alienação do bem.

> *Art. 656 – A parte poderá requerer a substituição da penhora:*

> ***IV*** *– se, havendo bens livres, a penhora houver recaído sobre bens já penhorados ou objeto de gravame;*

Sem qualquer dúvida, o dispositivo em questão busca a celeridade e economia processuais, no exclusivo interesse do exeqüente.

> ***V*** *– se incidir sobre bens de baixa liquidez;*

A substituição em discussão visa impedir a ocorrência de hasta pública negativa, que, por certo, representará um ônus a mais na execução, daí porque a permissão de ser substituído o bem que não desperte interesse em possível venda judicial.

VI – se fracassar a tentativa de alienação judicial do bem; ou

Lamentavelmente, dependendo do bem constrito, sabe-se que a praça poderá resultar negativa e nessa circunstância, poderá haver a substituição do bem constrito por outro de maior interesse.

VII *– se o devedor não indicar o valor dos bens ou omitir qualquer das indicações a que referem os* ***incisos I a IV, do parágrafo único, do art. 668****;*

Como se verificou, o novo sistema de execução introduzido, retirou do executado a possibilidade de indicação de bens à penhora; no entanto, poderá ocorrer que o exeqüente, na inicial, também não indique bens a serem constritos e que o oficial de justiça não localize bens do devedor.

Nesse caso é que o juiz, a requerimento do interessado, ou de ofício, poderá intimar o executado a realizar a indicação de bens à penhora, e é nessa hipótese que incidirá a regra do art. 668 que permite a substituição do bem penhorado, desde que tal prática não implique qualquer prejuízo ao exeqüente, além de ser menos gravosa ao devedor.

§ 1º *– É dever do executado (art. 600), no prazo fixado pelo juiz, indicar onde se encontram os bens sujeitos à execução, exibir a prova de sua propriedade e, se for o caso, certidão negativa de ônus, bem como abster-se de qualquer atitude que dificulte ou embarace a realização da penhora (art. 14, parágrafo único).*

O dispositivo sob estudo traz o dever de lealdade e boa-fé do executado nos atos próprios da execução, sob pena de responder pelas decorrentes da litigância de má-fé e dos atos atentatórios à dignidade da justiça.

§ 2º *– A penhora pode ser substituída por fiança bancária ou seguro garantia judicial, em valor não inferior ao do débito constante da inicial, mais 30% (trinta por cento).*

A novidade introduzida permite a substituição do bem constrito pela efetivação de fiança bancária ou seguro respectivo, limitando tal garantia ao valor do débito acrescido de 30% (trinta por cento).

> ***§ 3º*** *– O executado somente poderá oferecer bem imóvel em substituição caso o requeira com a expressa concordância do cônjuge.*

Constata-se que o dispositivo em questão está intimamente ligado aos princípios da celeridade e economia processuais, na medida em que a concordância do cônjuge evitará a interposição de eventuais embargos, dispensando, outrossim, a expressa intimação do mesmo.

> *Art. 657 – Ouvida em três dias a parte contrária, se os bens inicialmente penhorados (art. 652) forem substituídos por outros, lavrar-se-á o respectivo termo.*

Uma vez requerida a substituição do bem penhorado pelo executado, a intimação do exeqüente para manifestação a propósito é necessária ao pleno exercício do contraditório, uma vez que o credor poderá não concordar com o pedido formulado, e nessa oportunidade poderá expor suas razões nesse sentido.

> ***Parágrafo único –*** *O juiz decidirá de plano* ***quaisquer questões*** *suscitadas.*

Verifica-se que as questões a serem decididas versam sobre eventuais incidentes decorrentes do pedido de substituição, não sendo demais lembrar que tais decisões têm natureza interlocutória.

> ***Art. 659 – A penhora deverá incidir em*** *tantos bens quantos bastem para o pagamento do principal* ***atualizado****, juros, custas e honorários advocatícios.*

A atual redação suprimiu a prática anterior relativa à nomeação de bens pelo executado, introduzindo a obrigatoriedade de atualização do principal.

> ***§ 1º –*** *Efetuar-se-á a penhora onde se encontrem os bens, ainda que* ***sob posse, detenção ou guarda de terceiros****.*

Referido dispositivo amplia as possibilidades de realização da constrição de bens do executado, ainda que sob a posse ou guarda de terceiros.

> *§ 4º – A penhora de bens imóveis realizar-se-á mediante auto ou termo de penhora, cabendo ao exeqüente, sem prejuízo da imediata intimação do executado* ***(art. 652, § 4º)****, providenciar, para presunção absoluta de conhecimento por terceiros,* ***a respectiva averbação*** *no ofício imobiliário, mediante a apresentação de certidão de inteiro teor do ato, independentemente de mandado judicial.*

De ser lembrado que a intimação a que se refere o § 4º do art. 652 é relacionada ao patrono do executado, facilitando, pois, os trâmites da execução com mais celeridade, visto que a intimação pessoal só ocorrerá se o mesmo não tiver advogado constituído nos autos.

> ***§ 6º*** *– Obedecidas as normas de segurança que forem instituídas, sob critérios uniformes, pelos Tribunais, a penhora de numerário e as averbações de penhoras de imóveis e móveis podem ser realizadas por meios eletrônicos.*

A norma em questão, objetiva, sem dúvida, mais agilidade nos atos próprios da execução, que deverão ser aperfeiçoados à medida que dificuldades forem sentidas com a nova sistemática introduzida.

> *Art. 666 – Os bens penhorados serão preferencialmente depositados:*

A importância da figura do depositário prende-se à guarda e conservação do bem penhorado, para restituí-lo quando determinado pelo juiz.

> ***III*** *– em mãos de depositário particular, os demais bens.*

Entende-se por depositário particular qualquer pessoa que aceite tal incumbência.

> ***§ 1º*** *– Com a expressa anuência do exeqüente ou nos casos de difícil remoção, os bens poderão ser depositados em poder do executado.*

O executado poderá figurar como depositário em duas hipóteses:
a) quando houver concordância do exeqüente;
b) nos casos de difícil remoção dos bens constritos.

> ***§ 2º*** *– As jóias, pedras e objetos preciosos deverão ser depositados com registro do valor estimado de resgate.*

O dispositivo dispensa mais indagações, na medida em que a estimativa de seu valor há de estar de conformidade com a avaliação contida no auto de penhora.

> ***§ 3º*** *– A prisão do depositário judicial infiel será decretada no próprio processo, independentemente de ação de depósito.*

A figura do depositário infiel surge quando este provoca extravio, dano ou perecimento do bem constrito e à semelhança do que já se verifica no processo do trabalho, o decreto de prisão do depositário independe da ação de depósito, sendo, pois, estabelecida nos autos da execução.

> ***Art. 668*** *– O executado pode, no prazo de 10 (dez) dias após intimado da penhora, requerer a substituição do bem penhorado, desde que comprove cabalmente que a substituição não trará prejuízo algum ao exeqüente e será menos onerosa para ele, devedor (art. 17, IV e VI, art. 620).*

O pedido de substituição do bem penhorado exige do executado:
a) observância do prazo de 10 (dez) dias da intimação;
b) comprovação de que a substituição não trará prejuízo ao exeqüente, colhendo, por óbvio, a manifestação deste quanto ao pedido formulado;
c) comprovação de que a substituição lhe será menos onerosa.

> *Parágrafo único – Na hipótese prevista neste artigo, ao executado incumbe:*
>
> ***I*** *– quanto aos bens imóveis, indicar as respectivas matrículas e registros, situá-los e mencionar as divisas e confrontações;*
>
> *Em caso de imóvel, exigiu o legislador a identificação do mesmo, através da respectiva matrícula, bem como de suas confrontações.*

> ***II*** *– quanto aos móveis, particularizar o estado e o lugar em que se encontram;*
>
> *Em relação aos bens móveis, seu estado de conservação e local em que se encontram, com o objetivo de dificultar eventual substituição ou troca do bem.*
>
> *III – quanto aos semoventes, especificá-los, indicando o número de cabeças e o imóvel em que se encontram;*
>
> *Semoventes exigem sua quantificação e local em que se encontram, sendo de acrescentar também a raça dos mesmos.*
>
> ***IV*** *– quanto aos créditos, identificar o devedor e qualificá-lo, descrevendo a origem da dívida, o título que a representa e a data do vencimento; e*
>
> *Além da identificação e qualificação do devedor, deverá o executado descrever a origem da dívida e a data de seu vencimento.*
>
> ***V*** *– atribuir valor aos bens indicados à penhora.*
>
> *Por fim, a estimativa, pelo executado, dos bens indicados em substituição.*
>
> **Art. 680** *– A avaliação será feita pelo oficial de justiça (art. 652), ressalvada a aceitação do valor estimado pelo executado (art. 668, parágrafo único, inciso V); caso sejam necessários conhecimentos especializados, o juiz nomeará avaliador, fixando-lhe prazo não superior a 10 (dez) dias para entrega do laudo.*

A regra geral introduzida determina que a avaliação seja realizada pelo oficial de justiça e, excepcionalmente, por perito quando a natureza do bem constrito o exigir, o qual deverá entregar seu laudo em 10 (dez) dias.

> **Art. 681** *– O laudo de avaliação integrará o auto de penhora ou, em caso de perícia (art. 680), será apresentado no prazo fixado pelo juiz, devendo conter:*

O laudo de avaliação realizada pelo oficial de justiça será parte integrante do auto de penhora, o mesmo ocorrendo na hipótese de laudo elaborado por *expert* quando assim o exigir o bem penhorado.

> ***Parágrafo único*** *– Quando o imóvel for suscetível de cômoda divisão,* ***o avaliador****, tendo em conta o crédito reclamado, o avaliará* ***em partes****, sugerindo os possíveis desmembramentos.*

No caso de imóvel passível de divisão, o avaliador, considerando o crédito do exeqüente, poderá proceder à avaliação do imóvel em partes, sugerindo eventuais desmembramentos.

> *Art. 683 – É admitida nova avaliação quando:*
>
> ***I*** *– qualquer das partes argüir, fundamentadamente, a ocorrência de erro na avaliação ou dolo do avaliador;*

A possibilidade de realização de nova avaliação ocorrerá quando qualquer das partes apontar erros ou dolo do avaliador.

> ***II*** *– se verificar, posteriormente à avaliação, que houve* ***majoração*** *ou diminuição no valor dos bens;*

Quando, após a avaliação, houver modificação substancial do valor inicialmente atribuído em face de majoração ou diminuição do mesmo; via de regra, tal hipótese configura-se quando decorrido considerável espaço de tempo entre a avaliação e a alienação do bem.

> ***III*** *– houver fundada dúvida sobre o valor atribuído ao bem* ***(art. 668, parágrafo único, inciso IV)****.*

A dúvida a que se refere o inciso sob estudo diz respeito ao valor estimado pelo executado quando do pedido de substituição do bem.

> *Art. 684, I – o exeqüente aceitar a estimativa feita pelo executado (art. 668, parágrafo único, inciso V);*

Havendo concordância do exeqüente com a estimativa dada pelo executado, não se fará avaliação do bem constrito por ser desnecessária.

> ***Art. 685, parágrafo único*** *– Uma vez cumpridas essas providências, o juiz* ***dará início aos atos de expropriação de bens.***

Após o cumprimento das diligências próprias da constrição, o juiz dará início aos atos de expropriação.

> ***Art. 685-A*** *– É licito ao exeqüente, oferecendo preço não inferior ao da avaliação, requerer lhe seja adjudicados os bens penhorados.*

A norma em questão prestigia o instituto da adjudicação, desde que o exeqüente ofereça preço não inferior ao da avaliação.

> ***§ 1º*** *– Se o valor do crédito for inferior ao dos bens, o adjudicante depositará de imediato, a diferença, à disposição do executado; se superior, a execução prosseguirá pelo saldo remanescente.*

Se o valor do crédito do exeqüente for menor que o executado, incumbirá a este, no caso, na condição de adjudicante, depositar a diferença respectiva de imediato; caso a diferença supere o valor do bem, prosseguir-se-á pelo saldo remanescente.

> ***§ 2º*** *– Idêntico direito pode ser exercido pelo credor com garantia real, pelos credores concorrentes que tenham penhorado o mesmo bem, pelo cônjuge, pelos descendentes ou ascendentes do executado.*

A mesma preferência, qual seja, a adjudicação do bem, será dada ao credor com garantia real, aos credores concorrentes, ao cônjuge, descendentes e ascendentes.

> ***§ 3º*** *– Havendo mais de um pretendente, proceder-se-á entre eles à licitação; em igualdade de oferta, terá preferência o cônjuge, descendente ou ascendente, nesta ordem.*

Quando concorrer mais de um licitante para a adjudicação do bem, far-se-á a licitação entre estes; em igualdade de condições, a preferência será dada ao cônjuge, descendente ou ascendente, com a finalidade de manter-se o bem no patrimônio da família do executado.

> ***§ 4º*** *– No caso de penhora de quota procedida pelo exeqüente alheio à sociedade, essa será intimada, assegurando preferência aos sócios.*

Em se tratando de penhora de quota social, a preferência será dos sócios em igualdade de condições com terceiros estranhos à sociedade.

> ***§ 5º*** *– Decididas eventuais questões, o juiz mandará lavrar o auto de adjudicação.*

Na ocorrência de quaisquer incidentes e após a decisão destes pelo magistrado, será determinada a lavratura do auto de adjudicação.

> *Art. 685-B – A adjudicação considera-se perfeita e acabada com a lavratura e assinatura do auto pelo juiz, pelo adjudicante, pelo escrivão e, se for presente, pelo executado, expedindo-se a respectiva carta, se bem imóvel, ou mandado de entrega ao adjudicante, se bem móvel.*

Considera-se perfeita e acabada a adjudicação com a lavratura e assinatura do respectivo auto, expedindo-se carta para bem imóvel e mandado de entrega para bem móvel.

> ***Parágrafo único*** *– A carta de adjudicação conterá a descrição do imóvel, com remissão à sua matrícula e registros, a cópia do auto de adjudicação e a prova de quitação do imposto de transmissão.*

A carta de adjudicação deverá conter a descrição do imóvel, número de matricula, cópia do auto de adjudicação e comprovação de quitação do imposto de transmissão, providências, estas, que facilitarão a realização da nova averbação junto à circunscrição imobiliária respectiva.

> ***Art. 685-C*** *– Não ocorrente adjudicação dos bens penhorados, o exeqüente poderá solicitar sua alienação por iniciativa própria ou por intermédio de corretor credenciado perante a autoridade judiciária.*

A providência prevista no artigo em questão visa dar celeridade à execução, na medida que inexistente pedido de adjudicação, permite-se ao exeqüente, a alienação do bem constrito, inclusive por intermédio de corretor credenciado para tanto.

> ***§ 1º*** *– O juiz fixará o prazo em que a alienação deve ser efetivada, a forma de publicidade, o preço mínimo (art. 680), as condições de pagamento e as garantias, bem como, se for o caso, a comissão de corretagem.*

Nessa hipótese, o juiz fixará o prazo para alienação, forma de publicidade, preço mínimo, condições de pagamento e eventuais garantias e comissão devida ao corretor credenciado.

> **§ 2º** – *A alienação será formalizada por termo nos autos, assinado pelo juiz, pelo exeqüente, pelo adquirente e, se for presente, pelo executado, expedindo-se carta de alienação do imóvel para o devido registro imobiliário, ou, se móvel, mandado de entrega ao adquirente.*

A alienação será concluída por termo nos autos, com expedição da competente carta de alienação para imóvel ou mandado de entrega para bem móvel.

> **§ 3º** – *Os tribunais poderão expedir provimentos detalhando o procedimento da alienação prevista neste artigo, inclusive com o concurso de meios eletrônicos, e dispondo sobre o credenciamento dos corretores, os quais deverão estar em exercício profissional por não menos de 5 (cinco) anos.*

Os tribunais, através de provimentos específicos, poderão estabelecer procedimentos para utilização de meios eletrônicos e credenciamento de corretores com militância profissional mínima de 5 (cinco) anos.

> **Art. 686** – *Não requerida a adjudicação e não realizada a alienação particular do bem penhorado, será expedido o edital de hasta pública, que conterá:*

Resultando inexistentes qualquer pedidos de adjudicação ou de alienação particular, expedir-se-á edital para hasta pública.

> ***I*** – *a descrição do bem penhorado,* ***com suas características*** *e, tratando-se de imóvel,* ***a situação e dividas, com remissão à matrícula e aos registros;***

O bem penhorado deverá ser devidamente descrito, com suas características e, em se tratando de imóvel, a respectiva localização e dívidas, mencionando-se, outrossim, a respectiva matrícula.

> ***IV*** – *o dia e a hora de realização da praça, se bem imóvel, ou o local, dia e hora da realização do leilão, se bem móvel;*

Do edital deverá constar dia e hora da praça, se imóvel, e local dia e hora da realização do leilão, em se tratando de bem móvel.

> *§ 3º – Quando o valor dos bens penhorados não exceder 60 (sessenta) vezes o valor do salário mínimo vigente na data da avaliação, será dispensada a publicação de editais; nesse caso, o preço da arrematação não será inferior ao da avaliação.*

Será dispensada a publicação de editais quando o valor dos bens penhorados não superar 60 (sessenta) salários mínimos na data da avaliação; nesse caso a arrematação não poderá ser inferior ao valor da avaliação.

> ***Art. 687, § 2º*** *– Atendendo ao valor dos bens e às condições da comarca, o juiz poderá alterar a forma e a freqüência da publicidade na imprensa, mandar divulgar avisos em emissora local e adotar outras providências tendentes a mais ampla publicidade da alienação,* ***inclusive recorrendo a meios eletrônicos de divulgação.***

Dispõe sobre a faculdade dada ao magistrado quanto à divulgação da alienação judicial, podendo socorrer-se dos meios eletrônicos de divulgação.

> *§ 5º – O executado terá ciência do dia, hora e local da alienação judicial por intermédio de seu advogado ou, se não tiver procurador constituído nos autos, por meio de mandado, carta registrada, edital ou outro meio idôneo.*

O executado será cientificado da designação da alienação judicial por seu procurador, ou, pessoalmente, por mandado, carta registrada, edital ou outro meio idôneo.

> ***Art. 689-A*** *– O procedimento previsto nos arts. 686 a 689 poderá ser substituído, a requerimento do exeqüente, por alienação realizada por meio de rede mundial de computadores, com uso de páginas virtuais criadas pelos Tribunais ou por entidades públicas ou privadas em convênio com eles firmado.*

A hasta pública prevista nos arts. 686 a 689, poderá ser substituída mediante requerimento do exeqüente, por alienação e uso de páginas virtuais, visando mais rapidez e multiplicando, assim, as hipóteses de arrematação dos bens penhorados.

> ***Parágrafo único*** *– O Conselho de Justiça Federal e os Tribunais de Justiça, no âmbito de suas respectivas competências, regulamentarão esta modalidade de alienação, atendendo aos requisitos de ampla publicidade, autenticidade e segurança, com observância das regras estabelecidas na legislação sobre certificação digital.*

A regulamentação de referida modalidade de alienação caberá ao Conselho de Justiça Federal e aos Tribunais de Justiça, atendendo aos requisitos de publicidade, autenticidade e segurança, observadas as regras sobre certificação digital.

> ***Art. 690*** *– A arrematação far-se-á mediante o pagamento imediato do prelo pelo arrematante ou, no prazo de* ***até 15 (quinze) dias,*** *mediante caução.*

A arrematação se dará: a) de imediato; b) ou a prazo, sendo que a previsão anterior foi dilatada para 15 (quinze) dias, contados da realização da hasta pública e mediante caução.

> ***§ 1º*** *– Tratando-se de bem imóvel, quem estiver interessado em adquiri-lo em prestações poderá apresentar por escrito sua proposta, nunca inferior à avaliação,* ***com oferta de pelo menos 30% (trinta por cento) à vista****, sendo o restante garantido por hipoteca sobre o próprio imóvel.*

A novidade introduzida prende-se à possibilidade de venda a prazo quando se tratar de alienação de imóvel, em valor não inferior à avaliação, exigindo-se, ao menos, 30% (trinta por cento) à vista, sendo o restante garantido por hipoteca.

> ***§ 2º*** *– As propostas para aquisição em prestações,* ***que serão juntadas aos autos****, indicarão o prazo, a modalidade e as condições de pagamento do saldo.*

As propostas dos interessados serão acostadas aos autos antes da praça e conterão prazo, modalidades e condições de pagamento do saldo, já que 30% (trinta por cento) do valor deverá ser garantido de imediato.

§ 3º – O juiz decidirá por ocasião da praça, dando o bem por arrematado pelo apresentante do melhor lanço ou proposta mais conveniente.

O maior lanço ou a proposta mais conveniente, será escolhido pelo juiz, que, na oportunidade, dará o bem por arrematado.

***§ 4º** – No caso de arrematação a prazo, os pagamentos feitos pelo arrematante pertencerão ao exeqüente até o limite de seu crédito, e os subseqüentes ao executado.*

Se a arrematação ocorrer a prazo, os pagamentos realizados até o limite do crédito do exeqüente, a este pertencerão com exclusividade, sendo os demais devidos ao executado.

***Art. 690-A –** É admitido a lançar todo aquele que estiver na livre administração de seus bens, com exceção:*

III –** do juiz, **membro do Ministério Público e da Defensoria Pública**, escrivão **e demais servidores e auxiliares da Justiça;

A vedação de participação em hastas públicas foi ampliada para atingir os membros do Ministério Público, Defensoria Pública e demais servidores e auxiliares da Justiça.

Parágrafo único –** O **exeqüente**, se vier a arrematar os bens, não estará obrigado a exibir o preço; mas se o valor dos bens exceder o seu crédito, depositará, dentro de 3 (três) dias, a diferença, sob pena de **ser tornada sem efeito** a arrematação **e, neste caso,** os bens serão levados a nova praça ou leilão à custa do **exeqüente.

Referido dispositivo estabeleceu que o não-cumprimento do prazo de 3 (três) dias para depósito da diferença devida pelo exeqüente tornará sem efeito a praça, determinando-se a realização de nova praça ou leilão às expensas do exeqüente.

Art. 693 –** A arrematação constará de auto que será lavrado **de imediato, nele mencionadas as condições pelas quais foi alienado o bem: a ordem de entrega do bem móvel, ou a carta de arrematação do bem imó-

vel, será expedida depois de efetuado o depósito ou prestadas as garantias pelo arrematante.

O auto de arrematação será lavrado imediatamente e conterá as condições da alienação do bem; a seguir, será expedida carta de arrematação para imóvel, após a realização do depósito ou do oferecimento de garantias pelo arrematante, ou ordem de entrega para bem móvel.

Art. 694 *– Assinado o auto pelo juiz, pelo arrematante e pelo* ***serventuário da Justiça*** *ou leiloeiro, a arrematação considerar-se-á perfeita, acabada e irretratável,* ***ainda que venham a ser julgados procedentes os embargos do executado.***

A arrematação considerar-se-á perfeita e acabada com a assinatura do auto pelo juiz, arrematante e serventuário, ainda que julgados procedentes os embargos opostos pelo executado, hipótese que lhe dará o direito de haver do exeqüente o valor recebido a título de arrematação.

§ 1º *– A arrematação poderá, no entanto,* ***ser tornada sem efeito:***

I – por vicio de nulidade;

II – se não for pago o preço ou se não for prestada a caução;

III – quando o arrematante provar, nos ***5 (cinco)*** *dias seguintes, a existência de ônus real* ***ou de gravame (art. 686, V)*** *não mencionado no edital;*

IV – a requerimento do arrematante na hipótese de embargos à arrematação (art. 746, §§ 1º e 2º);

V – quando realizada por preço vil (art. 692);

VI – nos casos previstos neste Código (art. 698).

§ 2º *– No caso de procedência dos embargos, o executado terá direito a haver do exeqüente o valor por este recebido como produto da arrematação; caso inferior ao valor do bem, obterá do exeqüente também a diferença.*

Procedentes os embargos, o executado terá direito de haver do exeqüente o valor recebido como produto da arrematação; se inferior ao valor do bem, receberá, também, a diferença como ressarcimento do prejuízo sofrido.

> **Art. 695 –** *Se o arrematante ou seu fiador não pagar o preço* ***no prazo estabelecido****, o juiz impor-lhe-á, em favor do exeqüente,* ***a perda da caução, voltando os bens a nova praça ou leilão****, dos quais não serão admitidos a participar o arrematante e o fiador remissos.*

Se o arrematante não pagar no prazo estabelecido, qual seja, 15 (quinze) dias, perderá em favor da execução a caução prestada, situação que determinará o retorno dos bens à nova praça ou leilão, vedando-se sua participação na respectiva praça ou leilão.

> **Art. 698 –** *Não se efetuará* ***a adjudicação ou alienação de bem do executado sem que da execução seja cientificado, por qualquer modo idôneo e com pelo menos 10 (dez) dias de antecedência, o senhorio direto, o credor com garantia real ou com penhora anteriormente averbada****, que não seja de qualquer modo parte na execução.*

A adjudicação ou alienação do bem só será concretizada e, portanto, válida, após a ciência, com antecedência de 10 (dez) dias, do senhorio direto, credor com garantia real ou penhora anteriormente averbada.

> **Art. 703 –** *A carta de arrematação conterá:*
>
> *I – a descrição do imóvel,* ***com remissão à sua matricula e registros;***
>
> *II – a cópia do auto de arrematação; e*
>
> *III – a prova de quitação do imposto de transmissão.*
>
> **Art. 704 –** *Ressalvados os casos de* ***alienação de bens imóveis e aqueles*** *de atribuição de corretores da Bolsa de Valores, todos os demais bens serão alienados em leilão público.*

Salvo a alienação de imóveis e daqueles de atribuição de corretores da Bolsa, os demais poderão ser alienados por iniciativa particular ou leilão público.

> **Art. 706** – *O leiloeiro público será* ***indicado pelo exeqüente.***

No dispositivo em questão, houve, apenas, a substituição da expressão credor por exeqüente.

> **Art. 707** – *Efetuado o leilão, lavrar-se-á o auto,* ***que poderá abranger bens penhorados em mais de uma execução, expedindo-se, se necessário, ordem judicial de entrega ao arrematante.***

A norma em discussão abre a possibilidade de arrematação de bens penhorados em mais de uma execução, com a conseqüente expedição de ordem de entrega do bem.

> **Art. 713** – *Findo o debate, o juiz* ***decidirá.***

A regra aplica-se quando houver mais de um credor discutindo a anterioridade da penhora realizada para garantir a preferência quanto ao pagamento; a decisão do magistrado identificará o credor a quem o produto da venda pública será entregue.

> **Art. 716** – *O juiz* ***pode conceder ao exeqüente o usufruto de móvel ou imóvel, quando o reputar menos gravoso ao executado e eficiente para o recebimento do crédito.***

A novidade diz respeito à introdução do usufruto de bem móvel, com a finalidade de permitir a satisfação do crédito do exeqüente e favorecer ao executado o cumprimento da obrigação de maneira menos gravosa.

> **Art. 717** – *Decretado o usufruto, perde* ***o executado o gozo do móvel ou imóvel, até que o exeqüente*** *seja pago do principal, juros, custas e honorários advocatícios.*

Com o deferimento do usufruto, perde o executado, o gozo do bem objeto do gravame, até a completa satisfação do crédito do exeqüente, assim considerado o principal, juros, custas e honorários advocatícios.

> ***Art. 718*** *– O usufruto tem eficácia, em relação ao devedor como a terceiros,* ***a partir da publicação da decisão que o conceda.***

Conseqüência imediata decorrente da concessão do usufruto, são os seus efeitos não só em relação ao executado, como, também, em relação a terceiros, a partir do momento em que a decisão nesse sentido for proferida.

> ***Art. 720*** *– Quando o usufruto recair sobre o quinhão do condômino na co-propriedade, o* ***administrador exercerá os direitos que cabiam ao executado.***

A norma em questão trata de usufruto incidente sobre quinhão do condômino e, portanto, impede que a execução ultrapasse o patrimônio do executado, com a introdução da figura do administrador, a quem competirá a prática dos atos até então realizados pelo executado.

> ***Art. 722*** *– Ouvido o executado, o juiz nomeará perito para avaliar os rendimentos do bem e calcular o tempo necessário para pagamento da dívida.*

A regra introduzida permite que a avaliação dos rendimentos seja corretamente apurada, por intermédio de perito, com a finalidade de estabelecimento do tempo estritamente necessário para pagamento da dívida.

> ***§ 1º*** *– Após a manifestação das partes sobre o laudo, proferirá o juiz decisão; caso deferido o usufruto de imóvel, ordenará a expedição de carta para averbação no respectivo registro.*

Produzido o laudo, as partes poderão manifestar-se, após o que o juiz proferirá sua decisão. Em se tratando de imóvel, deverá ser expedida a respectiva carta para averbação na circunscrição imobiliária competente.

> ***§ 2º*** *– Constarão da carta a identificação do imóvel e cópias do laudo e da decisão.*

Da carta de averbação do usufruto deverá constar a identificação do imóvel e a cópia do laudo e da decisão proferida.

> **Art. 724** – *O exeqüente usufrutuário poderá celebrar locação do móvel ou imóvel, ouvido o executado.*

Permite-se ao exeqüente, na condição de usufrutuário, a locação do bem, desde que ouvido o executado.

> ***Parágrafo único*** – *Havendo discordância, o juiz decidirá a melhor forma de exercício do usufruto.*

Na hipótese de discordância entre exeqüente e executado a propósito da locação, o juiz decidirá quanto a melhor forma de exercício do usufruto.

> **Art. 736 –** *O executado,* ***independentemente de penhora, depósito ou caução,*** *poderá opor-se à execução por meio de embargos.*

A novidade mais relevante introduzida pela Lei nº 11.382/2006, diz respeito à dispensa da garantia do Juízo para interposição de embargos pelo executado.

> ***Parágrafo único*** – *Os embargos à execução serão distribuídos por dependência, autuados em apartado e instruídos com cópias (art. 544, § 1º,* in fine*) das peças processuais relevantes.*

A regra em apreço, determina a distribuição dos embargos por dependência, devendo ser autuados em apartado e instruídos com cópias das peças reputadas indispensáveis à elucidação das questões discutidas.

> **Art. 738 –** *Os embargos serão oferecidos* ***no prazo de 15 (quinze) dias, contados da data da juntada aos autos do mandado de citação.***

Os embargos, sob a nova roupagem, serão apresentados no prazo ampliado para 15 (quinze) dias, contados da juntada do mandado de citação aos autos.

> **§ 1º** – *Quando houver mais de um executado, o prazo para cada um deles embargar conta-se a partir da juntada do respectivo mandado citatório, salvo tratando-se de cônjuges.*

Quando na execução houver mais de um executado, o prazo para apresentação dos embargos será contado individualmente, a partir da juntada de cada um dos mandados de citação, salvo se os executados forem marido e mulher.

> **§ 2º** – *Nas execuções por carta precatória, a citação do devedor será imediatamente comunicada pelo juiz deprecado ao juiz deprecante, inclusive por meios eletrônicos, contando-se o prazo para embargos a partir da juntada aos autos de tal comunicação.*

Na hipótese de citação através de precatória, a contagem do prazo será iniciada a partir da juntada da comunicação por meio eletrônico aos autos.

> **§ 3º** – *Aos embargos do executado não se aplica o disposto no art. 191 desta Lei.*

O dispositivo sob estudo impede a aplicação da distinção de prazo entre litisconsortes com advogados distintos, devendo, pois, aplicar-se, tão-somente, a regra contida no § 1º, anteriormente comentada.

> **Art. 739** – *O juiz rejeitará liminarmente os embargos:*
>
> ***I*** *– quando* ***intempestivos;***
>
> ***II – quando inepta a petição*** *(art. 295); ou*
>
> *III – quando manifestamente protelatórios.*

O indeferimento dos embargos está ligado à inobservância do prazo legal, à falta de cumprimento dos requisitos exigidos para a petição inicial e quando apresentados com a intenção de retardar o andamento da execução.

> **Art. 739-A** – *Os embargos do executado* ***não terão efeito suspensivo.***

A regra geral introduzida veda a concessão de efeito suspensivo aos embargos, que, a partir da alteração legal inserida, depende do poder de cautela do juiz.

> **§ 1º** – *O juiz poderá, a requerimento do embargante, atribuir efeito suspensivo aos embargos quando, relevantes seus*

fundamentos, o prosseguimento da execução manifestamente possa causar ao executado grave dano de difícil ou incerta reparação, e desde que a execução já esteja garantida por penhora, depósito ou caução suficiente.

Excepcionalmente, o efeito suspensivo poderá ser concedido nas seguintes hipóteses, desde que requerido pelo embargante:

a) quando relevantes seus fundamentos;
b) quando a execução puder causar dano de difícil ou incerta reparação ao executado;
c) quando a execução estiver garantida por meio de penhora, depósito ou caução suficientes.

Regra geral, a constrição de patrimônio do devedor já causa dano de difícil reparação, visto que a expropriação é sempre traumática; assim, examinado cada caso em concreto, poderá o magistrado conceder ou não efeito suspensivo à defesa do executado.

*§ **2º** – A decisão relativa aos efeitos dos embargos poderá, a requerimento da parte, ser modificada ou revogada a qualquer tempo, em decisão fundamentada, cessando as circunstâncias que a motivaram.*

O dispositivo permite que o juiz, mediante provocação da parte, modifique a decisão referente aos efeitos concedidos aos embargos.

*§ **3º** – Quando o efeito suspensivo atribuído aos embargos disser respeito apenas a parte do objeto da execução, esta prosseguirá quanto ao restante.*

A regra em questão determina o prosseguimento da execução, quando apenas parte dela for beneficiada com o efeito suspensivo, ou seja, o efeito suspensivo poderá ser concedido parcialmente, ainda que os embargos versem sobre a totalidade da mesma.

§ 4º – A concessão de efeito suspensivo aos embargos oferecidos por um dos executados não suspenderá a execução contra os que não embargaram, quando o respectivo fundamento disser respeito exclusivamente ao embargante.

Nesse caso, não há como se cogitar eventual comunicação do efeito suspensivo aos demais executados.

> **§ 5º** – *Quando o excesso de execução for fundamento dos embargos, o embargante deverá declarar na petição inicial o valor que entende correto, apresentando memória do cálculo, sob pena de rejeição liminar dos embargos ou de não conhecimento desse fundamento.*

A nova regra impõe ao executado, ao alegar excesso de execução, a apresentação do cálculo que entende devido, sob pena de rejeição liminar dos embargos.

> **§ 6º** – *A concessão de efeito suspensivo não impedirá a efetivação dos atos de penhora e de avaliação dos bens.*

O dispositivo determina, mesmo com a concessão do efeito suspensivo, o prosseguimento dos atos próprios da execução, tais como a penhora e avaliação do bem, impedindo qualquer alienação dos bens constritos.

> ***Art. 739-B*** – *A cobrança de multa ou indenizações decorrentes de litigância de má-fé (arts. 17 e 18) será promovida no próprio processo de execução, em autos apensos, operando-se por compensação ou por execução.*

Imposta ao exeqüiente a condenação relativa ao pagamento de multa ou indenização decorrentes da litigância de má-fé, a cobrança da respectiva importância será promovida nos próprios autos, mediante compensação do valor devido pelo executado. Caso a condenação pelos mesmos títulos seja imposta ao executado, o valor devido será acrescido ao da execução em favor do exeqüiente.

> ***Art. 740*** – *Recebidos os embargos, **será o exeqüiente ouvido no prazo de 15 (quinze) dias; a seguir, o juiz julgará imediatamente o pedido (art. 330)** ou designará audiência de **conciliação,** instrução e julgamento, **proferindo sentença no prazo de 10 (dez) dias.***

Aos embargos opostos, manifestar-se-á o exeqüiente no prazo de 15 (quinze) dias, após o que serão imediatamente julgados ou designada audiência, depois da qual, o juiz decidirá em 10 (dez) dias.

Parágrafo único *– No caso de embargos manifestamente protelatórios, o juiz imporá, em favor do exeqüente, multa ao embargante não superior a 20% (vinte por cento) do valor em execução.*

A caracterização dos embargos protelatórios ensejará a aplicação de multa ao embargante no importe de até 20% (vinte por cento) sobre o valor da execução.

Art. 745 *– Nos embargos, poderá o executado alegar:*

A nova redação especifica, detalhadamente, as hipóteses de defesa permitidas ao executado, a saber:

I *– nulidade da execução, por não ser executivo o título apresentado;*

Se o título apresentado pelo exeqüente não tiver atributo de título executivo, estará a execução proposta fundada ao indeferimento liminar.

II *– penhora incorreta ou avaliação errônea;*

Eventuais incidentes ou incorreções decorrentes da constrição do bem e de sua avaliação poderão ensejar a oposição de embargos, sendo de enfatizar-se que, eventualmente, poderia ocorrer a hipótese de apresentação dos mesmos e, posteriormente, a constatação da hipótese sob estudo, circunstância que ensejaria a apresentação de novos embargos, no prazo de 15 (quinze) dias, a partir da intimação da penhora e da avaliação.

III *– excesso de execução, ou cumulação indevida de execuções;*

O excesso de execução exige do embargante a fundamentação do valor que entende devido, sob pena de rejeição liminar dos embargos. A cumulação indevida de execuções poderá ser reconhecida de ofício ou argüida pelo executado.

IV *– retenção por benfeitorias necessárias ou úteis, nos casos de título para entrega de coisa certa (art. 621);*

Caberá ao embargante demonstrar a natureza das benfeitorias, se necessárias ou úteis, apresentando o valor a ser objeto de compensação.

> ***V*** *– qualquer matéria que lhe seria lícito deduzir como defesa em processo de conhecimento.*

A cognição nesta hipótese é a mais ampla possível, eis que admite a discussão de qualquer matéria que poderia ser debatida no processo de conhecimento.

> ***§ 1º*** *– Nos embargos de retenção por benfeitorias, poderá o exeqüente requerer a compensação de seu valor com o dos frutos ou danos considerados devidos pelo executado, cumprindo ao juiz, para apuração dos respectivos valores, nomear perito, fixando-lhe breve prazo para entrega do laudo.*

Na hipótese de retenção por eventuais benfeitorias, poderá a verificação dos valores a serem compensados, ser objeto de apuração por intermédio de perito.

> ***§ 2º*** *– O exeqüente poderá, a qualquer tempo, ser imitido na posse da coisa, prestando caução ou depositando o valor devido pelas benfeitorias ou resultante da compensação.*

Faculta-se ao exeqüente ser imitido na posse da coisa, desde que, preste caução ou deposite o valor devido pelas benfeitorias.

> ***Art. 745-A*** *– No prazo para embargos, reconhecendo o crédito do exeqüente e comprovando o depósito de 30% (trinta por cento) do valor em execução, inclusive custas e honorários de advogado, poderá o executado requerer seja admitido a pagar o restante em até seis parcelas mensais, acrescidas de correção monetária e juros de 1% (um por cento) ao mês.*

A inovação admite que o executado, reconhecendo a procedência do crédito, poderá depositar 30% (trinta por cento) do respectivo valor, mais custas e honorários advocatícios, e requerer que o pagamento do restante seja realizado em até 6 (seis) parcelas, acrescidas de juros de 1% (um por cento) ao mês.

> ***§ 1º*** *– Sendo a proposta deferida pelo juiz, o exeqüente levantará a quantia depositada e serão suspensos os atos executivos; caso indeferida, seguir-se-ão os atos executivos, mantido o depósito.*

Deferida a proposta, poderá o exeqüente levantar o valor depositado, suspendendo-se os atos executivos; indeferida a proposta, manter-se-á o depósito realizado, prosseguindo-se com os atos executivos.

> *§ 2º – O não-pagamento de qualquer das prestações implicará, de pleno direito, o vencimento das subseqüentes e o prosseguimento do processo, com o imediato início dos atos executivos, imposta ao executado multa de 10% (dez por cento) sobre o valor das prestações não pagas e vedada a oposição de embargos.*

O inadimplemento de qualquer das prestações acarretará o vencimento das restantes e o prosseguimento do feito, impondo-se ao executado multa de 10% (dez por cento), sobre o valor das prestações inadimplidas, não se admitindo a oposição de embargos.

> ***Art. 746 – É lícito ao executado, no prazo de 5 (cinco) dias, contados da adjudicação, alienação ou arrematação, oferecer embargos fundados em nulidade da execução ou em causa extintiva da obrigação,*** *desde que superveniente à penhora, aplicando-se no que couber, o disposto neste Capítulo.*

A interposição dos embargos de segunda fase teve seu prazo reduzido de 10 (dez) para 5 (cinco) dias, contados da adjudicação, alienação ou arrematação, quanto a fatos supervenientes à penhora.

> *§ 1º – Oferecidos embargos, poderá o adquirente desistir da aquisição.*

Em se concretizando a apresentação de embargos, permite-se ao adquirente desistir da aquisição.

> *§ 2º – No caso do § 1º, o juiz deferirá de plano o requerimento, com imediata liberação do depósito feito pelo adquirente (art. 694, § 1º, inciso IV).*

Requerida pelo adquirente a desistência da aquisição, o juiz deferirá o pedido de imediato, liberando o depósito realizado.

> *§ 3º – Caso os embargos sejam declarados manifestamente protelatórios, o juiz imporá multa ao embargante, não superior a 20% (vinte por cento) do valor da execução, em favor de quem desistiu da aquisição.*

Se declarados protelatórios os embargos apresentados, responderá o embargante pelo pagamento de multa de até 20% (vinte por cento) do valor da execução, em favor de quem desistiu da aquisição.

> ***Art. 791** – Suspende-se a execução:*
>
> *I – no todo ou em parte, quando recebidos **com efeito suspensivo os embargos à execução (art. 739-A);***

A regra em questão prevê que, em situações excepcionais, poderão os embargos ter efeito suspensivo, circunstância que acarretará a interrupção da execução.

> *II – nas hipóteses previstas no art. 265, I a III;*
>
> *III – quando o devedor não possuir bens penhoráveis.*

Em relação aos incisos II e III não houve qualquer alteração em relação à sistemática anterior.

Com estas considerações e sem a pretensão de esgotar a análise do novo diploma legal, que propiciou a oportunidade de realização de novos estudos sob a sistemática da execução dos títulos extrajudiciais, espera-se possa ser alcançada a tão esperada efetividade processual.

CONCLUSÕES

Diante das diversas peculiaridades que envolvem a execução trabalhista e considerando, ainda, o novo universo das relações que passarão a ser apreciadas pelo Judiciário Especializado a partir da promulgação da Emenda Constitucional nº 45/2004, pode-se afirmar que a execução dos títulos extrajudiciais não está circunscrita tão-somente àqueles títulos mencionados no art. 876 da Consolidação.

Com efeito, do estudo realizado constata-se inexistir quaisquer dúvidas a propósito da execução de títulos extrajudiciais na Justiça do Trabalho, limitada, numa primeira abordagem, à redação contida no art. 876 da CLT, que inseriu no âmbito da execução trabalhista os termos de ajuste de conduta celebrados perante o Ministério Público do Trabalho e os acordos firmados junto às Comissões de Conciliação Prévia, ou pela possibilidade de ampliação interpretativa quanto ao mesmo dispositivo legal, que permitirá, assim, a execução de outros títulos extrajudiciais não relacionados expressamente.

De ser lembrado que as diversas alterações até o momento praticadas no âmbito do processo do trabalho, e não especificamente apenas em relação à execução trabalhista, não tiveram outra finalidade senão a de propiciar ao jurisdicionado a efetividade do processo através da promoção de meios e institutos processuais que visam alcançar uma prestação jurisdicional célere.

Por conseguinte, inobstante respeitáveis entendimentos em sentido contrário, se crê que a ampliação relativa à possibilidade de execução de outros títulos extrajudiciais perante o processo trabalhista, além dos expressamente previstos, virá ao encontro da tão almejada celeridade processual e efetividade do litígio, na medida em que tornar-se-ia dispensável a propositura da reclamação trabalhista quando demonstrado que o título extrajudicial que se pretenda executar tiver sido decorrente de relação de trabalho.

Com tal procedimento, evitar-se-ia a propositura da reclamação trabalhista e respectivo trâmite até decisão final, passando-se, pois, à pronta execução do título extrajudicial fundado na relação de trabalho havida entre as partes.

Referida afirmação prende-se ao fato de que as relações de trabalho têm sofrido profundas alterações, especialmente a partir da recente era da globalização, não se justificando, assim, a manutenção de interpretações restritivas e literais aos termos dos dispositivos legais vigentes pelos magistrados do trabalho, uma vez que a prestação jurisdicional célere constitui postulado de conotação universal e poderá restar severamente comprometida se adotada uma postura do trâmite da execução dentro dos padrões conservadores.

Com efeito, se considerada a posição conservadora de tais intérpretes quanto à observância dos limites rígidos do disposto no art. 876 da Consolidação, no que respeita ao universo dos títulos extrajudiciais objeto de execução, não restaria outra alternativa ao jurisdicionado senão a propositura da reclamação trabalhista para, após a superação do processo de conhecimento aguardar a prolação de sentença judicial a ser, oportunamente, executada.

Entretanto, entendimento em sentido oposto permitiria ao jurisdicionado, desde logo, ingressar com a ação de execução, bastando, para tanto, a apresentação de qualquer título extrajudicial cuja origem tenha sido fundada na relação de trabalho, que lhe permitiria alcançar com mais celeridade a tão almejada prestação jurisdicional, evitando-se, dessa forma, a demora decorrente do processo de conhecimento.

Via de conseqüência, passariam a ser executados pela Justiça do Trabalho quaisquer títulos celebrados pelas partes envolvidas na relação de emprego, sob o fundamento de que alguns deles teriam força executiva fundada na livre manifestação da vontade dos interessados, já que estariam a materializar não só uma obrigação ou direito reconhecido, mas, também, um valor correspondente ao mesmo.

O rito a ser adotado nessa hipótese deverá ser o mesmo previsto para a execução do título judicial, ou seja, ajuizada a ação, seguir-se-á a citação do devedor para pagamento em 48 horas ou nomeação de bens, no mesmo prazo, sob pena de penhora.

Garantido o Juízo, poderá o executado oferecer embargos, cuja matéria de defesa deverá estar contida no disposto no art. 888 da Consolidação, salvo se os embargos versarem sobre falta ou nulidade de citação ou vício quanto à manifestação da vontade na formação do título extrajudicial, oportunidade em que deverá ser observada, subsidiariamente, a regra contida no art. 745 do CPC.

Com tais fundamentos, se crê que a execução dos títulos extrajudiciais poderá ser prontamente concretizada pelo Judiciário Especializado, sem que possa decorrer qualquer ofensa aos princípios do contraditório e da ampla defesa, alcançando-se, dessa forma, a prestação jurisdicional rápida, concretizada na efetividade da execução trabalhista.

Portanto, a execução de outros títulos extrajudiciais, que não somente os legalmente previstos, habilitariam, desde logo, a execução do devedor da obrigação decorrente da relação de trabalho, com o prestígio do postulado de conotação universal materializada na celeridade e economia processuais.

BIBLIOGRAFIA

ALMEIDA, Isis. *Manual de Direito Processual do Trabalho*. São Paulo: LTR, 2002.

ARMELIN, Donaldo. "Apontamentos sobre o direito de defesa na execução forçada." In *Carta Jurídica*. Direito Processual Civil, 1999.

ASSIS, Araken de. *Manual do processo de execução*. São Paulo: Revista dos Tribunais, 2002.

BARROS, Cássio Mesquita. "A reforma judiciária da Emenda Constitucional nº 45." In *Revista LTR*, ano 69, nº 03.

BEBBER, Julio César. *Cumprimento da Sentença no processo do trabalho*. São Paulo: LTR, 2006.

________. *Processo do trabalho. Temas atuais*. São Paulo: LTR, 2003.

BELMONTE, Alexandre Agra; BRAGA, Nélson Thomaz. "Execução por título extrajudicial na Especializada." In *Revista LTR*, ano 67, nº 11.

CAHALI, Yussef Said. *Fraude contra credores*. São Paulo: Revista dos Tribunais, 1999.

CARNEIRO, Athos Gusmão. "Da execução no novo CPC." In *Revista de Processo*, nº 10.

CAVALCANTE, Jouberto de Quadros P.; JORGE NETO, Francisco Ferreira. "A EC nº 45/2004 e a competência da Justiça do Trabalho para questões que decorram do exercício do direito de greve (e *lockout*) e as questões sindicais." In *Revista LTR*, ano 69, janeiro 2005.

CHAVES, Luciano Athayde. *Direito Processual do Trabalho: reforma e efetividade*. São Paulo: LTR, 2007.

COUTINHO, Grijalbo Fernandes; FAVA, Marcos Neves. *Nova competência da Justiça do Trabalho*. São Paulo: LTR, 2005.

CUNHA, Eurípedes Brito Cunha. *Execução Extrajudicial.* "A revogação constitucional dos artigos 30, 31 e 38 do Decreto Lei 70/66." In *Revista do TRT 5ª Região*, v. 3, nº 1, Salvador, dezembro 2000.

________. "Execução extrajudicial no Processo do Trabalho." In *Síntese Trabalhista*, nº 136, outubro 2000.

DALAZEN, João Oreste. "A Reforma do Judiciário e os novos marcos da competência material da Justiça do Trabalho no Brasil." *Revista LTR*, ano 69, março 2005.

DALLEGRAVE NETO, José Afonso. "Execução de título extrajudicial na Justiça do Trabalho." In *Revista Amatra II*, ano III, nº 6, fevereiro 2002.

DINAMARCO, Cândido Rangel. *Execução Civil.* São Paulo: Malheiros, 2000.

________. *Instituições de Direito Processual Civil.* v. III. São Paulo: Malheiros, 2001.

FERRARI, Irany. *Julgados Trabalhistas Selecionados.* v. VIII. São Paulo: LTR, 2003.

FRANCO FILHO, Georgenor de Sousa. "A Lei das Comissões de Conciliação Prévia." In *Revista LTR*, ano 64, fevereiro 2000.

FREDIANI, Yone. *Exceção de pré-executividade no processo do trabalho.* São Paulo: LTR, 2002.

______. "Do bloqueio online." In *Revista do Instituto dos Advogados de São Paulo*, ano 7, nº 13, janeiro-junho 2004.

GIGLIO, Wagner. *Direito Processual do Trabalho.* São Paulo: Saraiva, 2003.

GRECO FILHO, Vicente. *Direito Processual Civil Brasileiro.* v. I, II e III. São Paulo: Saraiva, 1999.

GRINOVER, Ada Pellegrina. "Ação monitória." In *Consulex*, nº 6, 1997.

KUHN, João Lace. *O princípio do contraditório no processo de execução.* Porto Alegre: Livraria do Advogado Editora, 1998.

LEI DAS XII TÁBUAS. São Paulo: Edipro, 1994.

LEITE, Carlos Henrique Bezerra. *Curso de Direito Processual do Trabalho.* São Paulo: LTR, 2005.

________. "A nova competência da Justiça do Trabalho para cobranças das multas aplicadas pelos órgãos de fiscalização do trabalho." In *Revista LTR*, ano 69, nº 07.

LIEBMAN, Enrico Túlio. *Embargos do Executado. Oposições de mérito no processo de execução.* São Paulo: ME Editora e Distribuidora, 2000.

LIMA, Francisco Gerson Marques de. *A execução por título executivo extrajudicial no processo do trabalho.* São Paulo: LTR, 2004.

________. "A execução por título executivo extrajudicial no processo do trabalho." In *Repertório IOB de Jurisprudência*, nº 12/98, caderno 2.

MALLET, Estevão. *A ação monitória no processo do trabalho. Direito e Processo do Trabalho. Estudos em homenagem a Octavio Bueno Magano*. São Paulo: LTR, 1996.

________. *Procedimento monitório no Processo do Trabalho*. São Paulo: LTR, 2000.

MALTA, Christovão Piragibe Tostes. *Prática do processo do trabalho*. São Paulo: LTR, 2004.

MANUS, Pedro Paulo Teixeira. *Execução de sentença no Processo do Trabalho*. São Paulo: Atlas, 2005.

MARCATO, Antônio Carlos. *Código de Processo Civil interpretado*. São Paulo: Atlas, 2004.

________. *Procedimentos Especiais*. São Paulo: Atlas, 1999.

________. *Ação monitória e antecipação de tutela. Tendências do Direito Material e Processual do Trabalho*. São Paulo: LTR, 2000.

MARQUES, José Frederico. *Manuel de Direito Processual Civil*. v. I, II, III e IV. São Paulo: Saraiva, 1976.

MARTINS, Adalberto. *Manual Prático de Direito Processual do Trabalho*. São Paulo: Malheiros, 2002.

MARTINS, Sérgio Pinto. *Direito Processual do Trabalho*. São Paulo: Atlas, 2005.

MEIRELES, Edilton. *Competência e procedimento na Justiça do Trabalho*. São Paulo: LTR, 2005.

MELO, Raimundo Simão de. "As Comissões de Conciliação Prévia como novo paradigma para o Direito do Trabalho." In *Revista do TST*, ano 3, vol. 66, julho-setembro 2000.

MENEZES, Cláudio Armando C.; BORGES, Leonardo Dias. "A Emenda Constitucional n. 45 e algumas questões de competência e do procedimento na Justiça do Trabalho." In *Revista LTR*, ano 69, nº 03.

________. "Ação Monitória." In *Síntese Trabalhista*, março 1998.

NAHAS, Thereza Christina; FREDIANI, Yone. *Processo de conhecimento e de execução*. São Paulo: LTR, 2004.

________. *Processo cautelar no processo do trabalho*. São Paulo: Atlas, 2000.

NASCIMENTO, Amauri Mascaro. *Curso de Processo do Trabalho*. São Paulo: Saraiva, 2002.

________. *Iniciação ao processo do trabalho*. São Paulo: Saraiva, 2005.

NERY JÚNIOR, Nélson. *Princípios do processo civil na Constituição Federal*. São Paulo: Revista dos Tribunais, 1999.

NEVES, Celso. "Classificação das Ações." In *Justitia*, ano XXXVII, vol. 88.

NORRIS, Roberto. *Execução trabalhista: visão atual*. Rio de Janeiro: Forense, 2001.

OLIVEIRA, Paulo Eduardo Vieira. *Execução por título extrajudicial no processo do trabalho*. Rio de Janeiro: Forense, 2001.

PANCOTTI, José Antônio. "A nova competência da Justiça do Trabalho." In *Revista LTR*, ano 69, nº 01.

PINTO, José Augusto Rodrigues; PAMPLONA FILHO, Rodolfo. *Manual da Conciliação preventiva e do procedimento sumaríssimo trabalhista*. São Paulo: LTR, 2001.

________. *Execução trabalhista*. São Paulo: LTR, 2004.

ROMITA, Arion Sayão. "A conciliação no Processo do Trabalho após a Emenda Constitucional nº 45." In *Revista LTR*, ano 69, nº 05.

SAAD, Eduardo Gabriel, José Eduardo Duarte; BRANCO, Ana Maria Saad Castello. *CLT comentada*. São Paulo: LTR, 2005.

SANTOS, Moacyr Amaral. *Primeiras Linhas de Direito Processual Civil*. v. I, II e III. São Paulo: Saraiva, 1979.

SILVA, Celso Ribeiro da. "O contraditório no processo de execução." In *Justitia*, v. 66, ano XXXI.

SILVA, Luciana Aboim Machado Gonçalves da. *Termo de ajuste de conduta*. São Paulo: LTR, 2004.

SHIMURA, Sérgio. *Título executivo*. São Paulo: Saraiva, 1997.

SUSSEKIND, Arnaldo. *Direito Constitucional do Trabalho*. Rio de Janeiro: Renovar, 2001.

TALAMINI, Eduardo. "Embargos do Executado." In *Carta Jurídica*. Direito Processual Civil, 1999.

________. *Tutela Monitória*. São Paulo: Revista dos Tribunais, 2001.

TEIXEIRA FILHO, Manoel Antônio. *Execução no Processo do Trabalho*. São Paulo: LTR, 2001/2004.

________. *Breves Comentários à reforma do Poder Judiciário*. São Paulo: LTR, 2005.

________. "A Justiça do Trabalho e a Emenda Constitucional n. 45/2004." In *Revista LTR*, ano 69, nº 01.

THEODORO JÚNIOR, Humberto. *Processo de Execução*. São Paulo: Leud, 1999.

VALERIANO, Sebastião Saulo. *Comissões de conciliação prévia e execução de título executivo extrajudicial na Justiça do Trabalho*. São Paulo: LTR, 2000.

ZAINAGHI, Domingos Sávio. *Consolidação das Leis do Trabalho*. São Paulo: LTR, 2002.

Sistema CTcP,
impressão e acabamento
executados no parque gráfico da